Paul Natorp

Einleitung in die Psychologie nach kritischer Methode

Paul Natorp

Einleitung in die Psychologie nach kritischer Methode

ISBN/EAN: 9783959132138

Auflage: 1

Erscheinungsjahr: 2015

Erscheinungsort: Treuchtlingen, Deutschland

© Literaricon Verlag Inhaber Roswitha Werdin. www.literaricon.de. Alle Rechte beim Verlag und bei den jeweiligen Lizenzgebern.

Einleitung

in die

PSYCHOLOGIE

nach

kritischer Methode.

Von

Paul Natorp.

Freiburg i. B. 1888.
Akademische Verlagsbuchhandlung von J. C. B. Mohr
(Paul Siebeck).

Inhaltsübersicht.

		Seite
§ 1.	Die Aufgabe	1

I. Das Object der Psychologie.

§ 2.	Begriff der Psychologie nach ARISTOTELES	3
§ 3.	Begriff der Psychologie bei den Neueren. Das Problem des Bewusstseins	7
§ 4.	Begriff des Bewusstseins. Die Bewusstheit	11
§ 5.	Bewusstsein als Inhalt und als Thätigkeit	15
§ 6.	Verbindung der Inhalte im jeweiligen Bewusstsein als Object der Psychologie	23
§ 7.	Bewusstsein als Energie. Bedeutung der Zeitform	31

II. Die Methode der Psychologie.

§ 8.	Das Verfahren der Psychologie verschieden von allem Verfahren objectivirender Wissenschaft	43
§ 9.	Correlativität von Bewusstsein und Gegenstand; Historisches	51
§ 10.	Ursachliche Erklärung der Bewusstseinserscheinungen allein auf der objectiven Seite möglich. Idee einer naturwissenschaftlichen Psychologie	62
§ 11.	Monismus der Erfahrung; Dualismus der Erkenntnissbedingungen	73
§ 12.	Möglichkeit einer Erklärung des Physischen aus dem Psychischen. Vermeinte „Grenze" des Naturerkennens	75
§ 13.	Reconstruction der Subjectivität als eigenthümliche Aufgabe der Psychologie	88
§ 14.	Objective und subjective Begründung der Erkenntniss. Wahrheit und Schein des Idealismus	103
§ 15.	Wechselbeziehung von Psychologie und Erkenntnisskritik. KANT	119

§ 1.

Psychologie bedarf zur Sicherung ihrer Grundlagen einer Voruntersuchung über ihren Gegenstand und ihre Methode.

1. Es mag wohl in jeder Wissenschaft vorkommen, dass nicht bloss die befriedigende Lösung gewisser Probleme, sondern die Probleme selbst lange Zeit verborgen blieben, wenigstens nicht deutlich erkannt und bestimmt formulirt wurden. Doch scheint dabei immer feststehen zu müssen, welches das fundamentale Problem sei, das durch die Gesammtarbeit der Wissenschaft gelöst werden soll; denn sonst würde dieselbe überhaupt ziellos sein, und entweder gar nichts oder wenigstens nichts, das man suchte, dabei gefunden werden.

Hingegen scheint Psychologie bisher nicht einmal ihres Grundproblems sich fest versichert zu haben; daher es nicht verwundern darf, wenn man auch über den Sinn und Werth ihrer Ergebnisse sich nicht vereinigen kann. Daher ist es nothwendig, bevor man an die Lösung ihrer besonderen Probleme herantritt, zu allererst sie selbst als Problem vorzunehmen, und zu prüfen, erstlich, was Psychologie will und vernünftigerweise wollen kann; zweitens, wie das, was sie will, auf methodische Weise zu erreichen ist.

Wir bezeichnen diese Aufgabe als die einer „Einleitung" in die Psychologie, um anzudeuten, dass wir jetzt nicht Psychologie treiben, sondern einen Weg eröffnen wollen, auf welchem zur Psychologie überhaupt erst zu gelangen sei. Diesen Weg der Forschung aber, diese „Methode" zeichnen wir aus durch das Beiwort „kritisch"; wir erklären damit als unsere Ueberzeugung: dass es einen anderen Weg, über Recht und Unrecht einer ganzen versuchten Wissenschaft zu entscheiden, nicht gibt, als den von KANT gewiesenen, der

Forschung nach den Principien des Erkennens, welchen wir in Erinnerung an ihn und nach seinem prägnanten Wortgebrauch den „kritischen" heissen. Uebrigens sollen, damit der elementare Charakter dieser Voruntersuchung nach Möglichkeit gewahrt bleibe, die Grundbegriffe und Grundsätze kantischer Erkenntnisskritik, auf denen unsere Untersuchung thatsächlich fussen wird, nicht als schon anderwärts hinreichend erklärt und begründet vorausgesetzt, nicht einmal in der von KANT geschaffenen Kunstsprache ausgedrückt, sondern möglichst von allgemein zugestandenen Voraussetzungen aus in unabhängigen Formulirungen entwickelt, und erst am Schluss die doch unerlässliche Auseinandersetzung mit KANT nachgeholt werden. Dies Verfahren erscheint besonders dadurch motivirt, dass wir auf diesem Gebiete, mehr als auf anderen, uns von KANT nicht bloss dem Ausdruck nach zu entfernen genöthigt sind; genöthigt durch die kritische Methode selbst, welche von KANT auf das eigenthümliche Problem der Psychologie nicht in gleicher Strenge und planmässiger Vollständigkeit wie auf die eigentlichen Naturwissenschaften angewandt worden ist.

2. Das Erste, worin man die Besonderheit einer Wissenschaft naturgemäss sucht, sind die Data, von denen sie ausgeht, der Inbegriff von Erscheinungen oder Thatsachen, welche den Gegenstand der Untersuchung bilden. Durch die Eigenthümlichkeit des zu untersuchenden Gegenstandes muss die Eigenthümlichkeit der Untersuchungsmethode zum Theil bedingt sein; es lässt daher über die letztere sich nicht eher etwas feststellen, als das Gebiet der zu erforschenden Gegenstände mit Sicherheit bestimmt ist.

Die Mehrzahl der Psychologen ist hier freilich mit dem Bescheide rasch bei der Hand; man meint die Data der Psychologie zur Genüge zu kennen, sie mit Leichtigkeit aufzählen, auch wohl gewisse unterscheidende Merkmale derselben nennen zu können. Dagegen muss ich mit dem Geständniss beginnen, dass schon diese allererste Frage der Psychologie für mich voll ernster Schwierigkeiten ist, in deren Entwicklung ich den Leser zunächst zu folgen bitte. Und zwar wüsste ich diese Erörterung nicht in geeigneterer Weise vorzubereiten, als durch eine kurze Erinnerung an den geschichtlichen Ursprung des psychologischen Problems.

I. Das Object der Psychologie.

§ 2.

In der Bestimmung des Gegenstandes der psychologischen Untersuchung unterscheidet sich die neuere Psychologie charakteristisch von der aristotelischen.

Nach ARISTOTELES fallen unter die Untersuchung περὶ ψυχῆς die Lebenserscheinungen schlechtweg, oder die Functionen des organischen Körpers. Er erklärt Seele oder Beseeltheit als die Kraft wirklicher Lebendigkeit in dem durch Organisation lebensfähigen Körper, d. h. er unterscheidet Seele vom Körper nur wie das wirkliche Functioniren, genauer die Functionsfähigkeit der Organe von derjenigen körperlichen Einrichtung, durch welche sie bedingt ist, oder wie die Kraft vom Stoff. Zwischen bewussten und bewusstlosen Functionen des Organismus wird nicht bestimmt unterschieden, noch eine fundamentale Schwierigkeit darin erkannt, wie diese grundverschiedenen Thätigkeiten durch das gemeinsame Princip der Organisation erklärt werden sollen. Dagegen unterscheidet ARISTOTELES wohl niedere und höhere Functionen in einer Stufenreihe der Entwicklung, der Art, dass allemal die niederen Functionen für die höheren vorausgesetzt werden. Unter den letzteren bilden insbesondere die Erkenntnissfunctionen eine engere Einheit, ohne dass die Bewusstheit als gemeinsames Merkmal ausdrücklich gekennzeichnet würde.

1. Bei der Begriffsbestimmung des Psychischen historisch bis auf ARISTOTELES zurückzugreifen, dessen Schrift de anima, wie bekannt, der erste (wenigstens uns erhaltene) Versuch eines Systems der Psychologie in der abendländischen Philosophie ist, empfiehlt sich

nicht bloss deshalb, weil gerade im Gegensatz zu ihm die moderne Auffassung, wie sie etwa seit DESCARTES feststeht, in ihrer Eigenthümlichkeit klarer hervortritt, sondern weil die aristotelische Problemstellung in gewisser Hinsicht massgebend geblieben, ja gerade in jüngster Zeit zu neuer Bedeutung gelangt ist. Hat die Idee einer naturwissenschaftlichen Psychologie irgendeinen Grad von Berechtigung, so muss man wissen, dass man mit der Forderung derselben wesentlich zum Standpunkte des ARISTOTELES zurückkehrt.

Allerdings schien sich die Psychologie der Neuzeit anfangs vielmehr im Gegensatz zur Naturwissenschaft zu entwickeln. Auch hatte diese Entgegensetzung bestimmte Gründe, die eben dem ARISTOTELES offenbar noch nicht zum Bewusstsein gekommen waren.

Für ihn deckt sich nämlich das Gebiet des Psychischen schlechtweg mit dem des Organischen; beide Begriffe sind durchaus correlativ zu einander. Es fallen also für ihn unter den Bereich der Psychologie die Erscheinungen des pflanzlichen und thierischen so gut wie des menschlichen Lebens; die Functionen der Athmung, Ernährung, Fortpflanzung, Fortbewegung so gut wie des Empfindens, Fühlens, Begehrens, Denkens, Wollens. Eine deutliche Abgrenzung und begriffliche Zusammenfassung derjenigen Lebensfunctionen, denen das Merkmal der Bewusstheit gemeinsam und eigenthümlich ist, gegenüber solchen, in deren Betrachtung vom etwa begleitenden Bewusstsein mindestens abstrahirt werden darf, vermisst man durchaus.

Dagegen hat ARISTOTELES mit scharfem Blick die Verwandtschaft und den Grund der Zusammengehörigkeit dieser beiden Klassen von Erscheinungen erkannt und zum bestimmten Ausdruck gebracht. Der einigende Gesichtspunkt ist eben der der Organisation, und zwar der aus gegebenen Anlagen sich entwickelnden Organisation. ARISTOTELES ist der Entdecker des Begriffs des Organischen, mit der wesentlichen Bestimmung der Entwicklungsfähigkeit. Mit einer für den damaligen Stand der Kenntniss und der theoretischen Reflexion bewundernswerthen Unbefangenheit aber sucht er die Organisation auch zu den (in unserem Sinne) seelischen (d. h. Bewusstseins-) Functionen im Körper. Der Körper ist organisirt, wie zu allen bewusstlos geschehenden („physiologischen") Functionen des

Lebens, der Lebenserhaltung und -fortpflanzung, so zu allen psychischen Leistungen. Die Entwicklung des Seelenlebens ist daher an die der körperlichen Organisation durchaus gebunden. Auch die bewussten Functionen sind Functionen des Körpers, mithin Psychologie eine Naturwissenschaft, dem Object, wie der Methode nach: denn ausdrücklich betont ARISTOTELES im Eingang der Untersuchung περὶ ψυχῆς, dass man in dieser, wie überhaupt in den Naturwissenschaften, den Erklärungsgrund von den Erscheinungen abzuleiten, nicht aus blosser Vernunft zu schöpfen habe. Innerhalb des Gesammtgebietes der Naturwissenschaft aber ist seine Psychologie die Grundwissenschaft von der belebten, der organischen Natur. Mit modernem Namen wäre sie Allgemeine Biologie zu betiteln.

2. Es ist instructiv, diese Grundauffassung etwas näher zu beleuchten durch eine Analyse der berühmten aristotelischen Definition der „Seele" als Entelechie (erster Stufe) des der Anlage nach lebendigen Körpers, ἐντελέχεια ἡ πρώτη σώματος δυνάμει ζωὴν ἔχοντος. Die Erklärung der Formel hängt ab vom Verständniss des die ganze aristotelische Philosophie beherrschenden Gegensatzes von δύναμις und ἐνέργεια oder ἐντελέχεια. Δύναμις, Potenz, ist das Vermögen, das blosse Können, ἐνέργεια, Actus, die That oder Bethätigung, ἐντελέχεια das Vollbringen, der wirkliche Vollzug einer Thätigkeit, wodurch sie zu ihrem Ende kommt oder ihr Ziel erfüllt; also mit dem im organischen Reiche ja so naheliegenden teleologischen Nebensinn: dass sie nur das leistet, was sie leisten soll oder wozu sie von Haus aus angelegt war, von welcher Nebenbedeutung man übrigens in der Anwendung mehr oder minder abstrahiren kann. Unter diese Begriffe fallen nun, in der Anwendung auf das organische Gebiet, eigentlich zwei Gegensätze: der von Anlage und Entwicklung (Keim und Entfaltung), und der der blossen Functionsfähigkeit und des wirklichen Functionirens der Organe. Beides erläutert gut der von ARISTOTELES gern gebrauchte Vergleich vom Künstler. Jemand ist Künstler bloss der Anlage nach, oder er hat diese Anlage auch entwickelt; das ist das Erste. Er ist bloss im ruhenden Besitz der Kunstfertigkeit oder übt sie eben jetzt auch aus; das ist das Zweite. So unterscheidet ARISTOTELES Entelechie erster und zweiter Stufe, nämlich wie die ausgebildete Fertigkeit und deren wirkliche Ausübung. Wird also „Seele" definirt als Entelechie erster Stufe des zum

Leben angelegten (nämlich organisirten) Körpers, so haben wir zu verstehen: der zur Ausübung der Lebensfunctionen befähigte, gleichsam fertige Körper, d. h. derjenige, in welchem alle Bedingungen zur wirklichen Lebensthätigkeit gegeben sind — alle, die im lebendigen Körper selbst zu suchen sind, nicht noch von aussen hinzukommen müssen —: dieser sei der beseelte. So ist der fertige Künstler derjenige, welcher alle Bedingungen zur wirklichen Ausübung seiner Kunst in sich hat; alle nämlich, die überhaupt in ihm gegeben sein, nicht noch von aussen hinzukommen müssen. Denn, um künstlerisch thätig zu sein, braucht er freilich noch Musse und Freiheit, gegebene Anregung, geeignetes Material, zulängliche Werkzeuge. So bedarf es noch hinzukommender äusserer Bedingungen, damit der zum Leben organisirte Körper in der That lebe; er kann athmen, und er wird es, natürlich, wenn er Luft hat; er kann sehen und wird es, wenn er Licht hat; er kann sich bewegen und wird es, wenn er Raum zur Bewegung hat, u. s. f. Im Begriff der Organisation werden also alle diejenigen körperlichen Bedingungen zusammengefasst, welche im Organismus selbst gegeben sein müssen, damit er leben könne; von der so verstandenen Organisation des Körpers wird dann die Fähigkeit des Lebens, welche die „Seele" bedeutet, ferner nur unterschieden wie die Kraft vom Stoff. Der Lieblingssatz der Materialisten: keine Kraft ohne Stoff, kein Stoff ohne Kraft, findet auf das Verhältniss von Seele und Leib nach aristotelischer Auffassung genaue Anwendung. Allerdings spricht ARISTOTELES hinterher noch von einer reinen stofflosen Energie des Denkens, deren Annahme durch die ursprüngliche Definition der Seele eigentlich ausgeschlossen ist. Doch lässt ihn nüchterne Beobachtung wohl erkennen, dass auch unser reinstes Denken an die Phantasiethätigkeit und durch diese an das Functioniren leiblicher Organe gebunden ist; und so hebt sich diese Abweichung von der sonst rein naturwissenschaftlichen Richtung seiner Psychologie fast von selbst wieder auf; jedenfalls dürfen wir hier, wo es auf die Grundanschauung allein ankommt, von derselben absehen.

3. Nach diesen Voraussetzungen konnte nun von einer Abgrenzung des Psychischen gegen das Physische, so dass beide als zwei gesonderte Reihen von Erscheinungen sich gegenüberständen, für Aristoteles offenbar nicht die Rede sein. ARISTOTELES

scheidet nicht zwischen physischen und psychischen Functionen des Organismus. Er unterscheidet dagegen wohl niedere und höhere Functionen, so dass jene immer für diese bedingend sind. In dieser Stufenordnung müssen natürlich die bewussten Functionen sich von selbst näher zusammengruppiren. Insbesondere treten die verschiedenen Thätigkeiten, welche zur Erkenntniss sich vereinigen, von der niedersten Stufe der Sinneswahrnehmung durch die Mittelglieder des Gedächtnisses und der Erfahrung bis hinauf zum Begriff, als eine Art engerer Einheit hervor. Das sind nun Bewusstseinsfunctionen, und man sollte erwarten, dass die Bewusstheit auch als ihr gemeinsames Merkmal hervorgehoben würde. Es ist bezeichnend für den aristotelischen Standpunkt der Psychologie, dass dies nicht geschieht. Es wird vom Wahrnehmen, Denken, Erkennen gesprochen, es wird sogar unterschieden zwischen dem directen Wahrnehmen oder Denken eines Inhalts und dem Wahrnehmen dieses Wahrnehmens, dem Denken dieses Denkens; allein die gerade in solchen Reflexacten so merkwürdig hervortretende Eigenart des Bewusstseins wird nicht erkannt. Es fehlt überhaupt an einem eigenen, alles Bewusstsein zusammenfassenden Ausdruck, während die Arten des Bewusstseins: Wahrnehmung, Vorstellung, Denken etc. mit vieler Sorgfalt, ja zum Theil bewundernswürdiger Präcision auseinandergehalten werden.

So verdienstlich es daher war, zumal auf dem Standpunkte der Wissenschaft, den ARISTOTELES vorfand, den Begriff der Organisation festzustellen und die Erscheinungen des organischen Lebens, einschliesslich der Bewusstseinserscheinungen, unter eine abgesonderte Betrachtung zu stellen: der eigenthümliche Begriff des Psychischen blieb solange unentdeckt, als man nicht über das Unterscheidende des Bewusstseins, das Unterscheidende des Problems, welches darin liegt, und folglich der Methode, nach der dasselbe zu bearbeiten sei, sich klar geworden war.

§ 3.

Dagegen betrachtet die moderne Philosophie seit DESCARTES als eine ihrer festesten Errungenschaften die specifische Unterscheidung der Bewusstseinsphänomene von allen solchen Naturphänomenen, welche entweder als des Bewusstseins überhaupt untheilhaft betrachtet, oder bei welchen vom begleitenden Bewusstsein wenigstens abstrahirt wird. Das wirkliche Bewusstsein und was als ein bloss nicht in gesondertem Bewusstsein zu Tage tretendes Element des Bewusstseins doch nur aus dem wirklichen Bewusstsein erwiesen oder zur Erklärung desselben vorausgesetzt wird, bezeichnet fortan die Grenze des Psychischen gegen das Physische.

1. Es ist eine lehrreiche Thatsache, dass nicht bloss der aristotelischen, sondern der ganzen eigentlich klassischen Philosophie des Alterthums das eigenthümliche, in der Thatsache des Bewusstseins liegende Problem verborgen geblieben ist. Unter den grossen Philosophen Altgriechenlands ist es ohne Zweifel PLATON, der dem Begriff des Bewusstseins vergleichsweise am nächsten kam. Er legt, wie bereits SOKRATES, einen starken Nachdruck auf den Gegensatz von Seele und Leib, betont, dass für den Menschen alles auf die Seele ankomme (Menon 88 E), auf Besinnung (φρόνησις), auf Selbsterkenntniss. Allein das ist ein Begriff von Bewusstsein, der bereits viel bestimmter ist als derjenige, welchen wir hier suchen und zum Behufe der Psychologie nöthig haben. Es ist nicht das Bewusstsein dessen, was wir überhaupt in uns subjectiv erleben, sondern schliesst stillschweigend immer ein das Bewusstsein dessen, was unser subjectives Erlebniss objectiv bedeute, was davon Wahrheit, was Schein sei, was von in sich gegründetem objectiven Werthe, was von bloss subjectivem. Hätte man PLATON gefragt, was für ein „Bewusstsein" das sei, auf welches für den Menschen alles ankomme, nämlich das Bewusstsein wovon? — er würde geantwortet haben: das Bewusstsein der Ideen, der idealen objectiven Werthe. Das subjective Erlebniss bloss als solches, abgesehen von der Frage der objectiven Geltung des Erlebten, lag eigentlich ausser dem Gesichtskreis seiner Philosophie, die ja wesentlich Ideenforschung sein wollte und war. Nur aus Anlass der Frage der Erkennbarkeit der Idee gelangt er zu einzelnen, allerdings sehr werthvollen Bestimmungen, welche eben die subjective Seite des Erkennens betreffen; aber doch eben nicht zu einer allgemeinen Begriffsfassung des Bewusstseins, der Subjectivität als solcher.

2. Immerhin lag von PLATON aus auch zu dieser weiteren Begriffsfassung der Weg offen. Thatsächlich wurde sie erreicht in der

neuplatonischen Philosophie[1]. Die neuplatonischen Philosophen unterscheiden bereits sehr bestimmt zwischen dem Bewusstsein und dem bewusstlosen Haben einer Vorstellung. Das begleitende Bewusstsein (παρακολούθησις) wird erklärt als ein Reflexact (ἀνακαμπτούσης τῆς διανοίας), der zu dem Acte des Empfindens, Vorstellens etc. erst hinzukommen müsse; eine Auffassung, deren Unzulänglichkeit man leicht erkennt, die aber doch zeigt, dass man die Eigenthümlichkeit des Bewusstseins ernstlicher ins Auge fasste und nach einer Erklärung, mindestens nach einem zutreffenden Ausdruck dafür suchte. Einen mächtigen Einfluss musste auf den Fortschritt psychologischer Besinnung die starke Hinwendung auf das Innenleben des Menschen üben, welche, durch das ganze spätere Alterthum vorbereitet, durch das Christenthum besonders begünstigt wurde. In AUGUSTIN, der ja fast so sehr neuplatonischer Philosoph wie paulinischer Christ war, vereinigen sich Anregungen von beiden Seiten. Bei ihm findet sich der nachmals von DESCARTES neu betonte Satz, dass wir unserer eigenen, seelischen Existenz im blossen Bewusstsein unmittelbarer und näher gewiss sind als irgendeiner Existenz äusserer Gegenstände, da, auch wenn wir an allem Dasein von Dingen ausser uns zweifeln würden, selbst dieser Zweifel, als eine Modification des Bewusstseins, uns des eigenen, psychischen Daseins gewiss machen würde; eine erkenntnisstheoretische Wendung des Begriffs des Bewusstseins, welche an und für sich die Psychologie nicht angeht, aber allerdings beweist, bis zu welchem Grade der Bestimmtheit der Begriff des Selbstbewusstseins, als des Gemeinsamen, zu Grunde Liegenden in allem, was wir subjectiv in uns erleben, bereits dem AUGUSTIN lebendig war.

3. Für die neuere Philosophie seit DESCARTES ist denn eben dieser Begriff feststehend; er gilt nicht mit Unrecht als eine ihrer unbestreitbarsten Errungenschafte und aus dem Einflusse desselben auf die gesammte Speculation rklärt sich zu einem Theile der charakteristische Unterschied der neueren Philosophie gegen die alte. Die Frage wegen des Verhältnisses des „Denkenden" und „Aus-

---

[1] SIEBECK, Geschichte der Psychologie, I b, 337 ff., 381, und Zeitschr. f. Philos. u. philos. Krit. Bd. LXXX, 213 ff. (Dazu einige Bemerkungen Philos. Monatshefte Bd. XXI, 389 f.)

gedehnten", des Bewusstseins zur Natur oder Materie, steht seitdem für lange Zeit im Mittelpunkte der philosophischen Forschung. Erst durch KANT's kritische Fragestellung wird diese Lage geändert, ohne dass doch der Streit des „Monismus" und „Dualismus" seitdem aufgehört hätte, zu Zweifeln und Bedenken immer neuen Anlass zu geben. In allem Streite aber ist wenigstens dies fest geblieben: dass im Bewusstsein die Grenze des Psychischen und Physischen sich bestimmt markiren lasse, mindestens für die „Erscheinung" der Dinge, wie immer es sich mit deren letztem Wesen verhalten möge. Die Phänomene, denen das Merkmal der Bewusstheit gemeinsam und eigenthümlich ist, sind dadurch specifisch unterschieden von allen solchen, wobei entweder gar kein Bewusstsein stattfindend gedacht oder vom etwa stattfindenden zu wissenschaftlichem Behufe abstrahirt wird. Vielfach zwar wird ein Unbewusstes, dennoch Psychisches angenommen. Allein man meint damit ein nur nicht in gesondertem Bewusstsein zu Tage tretendes Element oder eine solche Grundlage des Bewusstseins, die darum doch nur aus dem wirklichen Bewusstsein erwiesen, oder etwa nur zu dessen Erklärung hypothetisch aufgestellt wird. Die Lebensfunctionen des Organismus, soweit sie, als blosse Naturvorgänge, ausser Beziehung zum Bewusstsein sich betrachten und in causalen Connex stellen lassen, gehen die Psychologie als solche nichts an, möchten sie auch in Wahrheit nur die äussere „Erscheinung" dessen sein, was, innerlich und an sich selbst betrachtet, Bewusstsein oder eine Grundlage desselben wäre. Jedenfalls nicht als Bewusstsein oder Bewusstseinsgrundlage erscheinen die leiblichen Functionen, sondern als Thätigkeiten, die unmittelbar gar keine Beziehung auf ein Bewusstsein verrathen, vielmehr mit allen Kraftleistungen der äusseren Natur sich in jedem Betracht gleichartig erweisen. Diese wichtige Grenzscheide steht unverrückbar fest, gerade in Folge der bestimmteren Ausprägung des Naturbegriffs, wie sie durch GALILEI im wesentlichen erreicht, in der Philosophie durch DESCARTES zum Siege gebracht wurde. Seitdem also bezeichnet das Bewusstsein, und was als constituirendes Moment, aristotelisch gesprochen als δύναμις, für das Bewusstsein vorausgesetzt werden muss, also das wirkliche und mögliche Bewusstsein die Grenze des Psychischen, das Grundphänomen und folglich das Grundproblem der Psychologie.

Die Auffassung der Psychologie als Naturwissenschaft schien damit vollständig verlassen. Das Streben ging vielmehr dahin, Psychologie womöglich als selbständige Wissenschaft neben der Naturwissenschaft, wenn auch etwa nach analoger Methode, zu begründen. Ob dieses Streben auf Erfolg rechnen darf, kann sich erst herausstellen, nachdem wir zuvor die Eigenthümlichkeit des psychischen Grundphänomens und das darin liegende Problem näher in's Auge gefasst haben.

§ 4.

In der Thatsache des Bewusstseins lassen sich mehrere Momente unterscheiden, die in derselben zwar wirklich untrennbar vereint, in der Betrachtung jedoch nothwendig auseinanderzuhalten sind: erstens der Inhalt, dessen man sich bewusst ist (Bewusstseinsinhalt); zweitens das Bewusst-sein desselben, oder seine Beziehung auf das Ich; welches letztere man durch fernere Abstraction als drittes Moment der Bewusstseinsthatsache von der Beziehung selbst unterscheiden mag.

Jene Beziehung ist für allen noch so mannigfach wechselnden Inhalt offenbar eine und dieselbe; sie ist es eigentlich, welche das Gemeinsame und Specifische des Bewusstseins ausmacht. Wir markiren sie, um sie von der Gesammtthatsache des Bewusst s e i n s zu unterscheiden, durch den besonderen Ausdruck der Bewusst h e i t.

Näher lässt sich übrigens von derselben kaum angeben, worin sie bestehe. Sie ist unvergleichbar mit jeder Beziehung, wie sie unter Bewusstseinsinhalten stattfinden mag. Das Ich, als gemeinsamer Beziehungspunkt zu allen bewussten Inhalten, kann selbst nicht Inhalt des Bewusstseins werden, da es vielmehr Allem, was Inhalt sein kann, schlechthin gegenübersteht. Jeder Ausdruck, der das Ich selbst wie einen Gegenstand vorstellt oder die Beziehung auf dasselbe durch eine Beziehung, wie sie unter Bewusstseinsinhalten stattfindet, zu verdeutlichen sucht, kann allenfalls nur den Werth einer bildlichen Bezeichnung haben. Das Ich lässt sich nicht zum Gegenstande machen, weil es vielmehr allem Gegenstand gegenüber dasjenige ist, dem etwas Gegenstand ist.

1. Wir haben das „Bewusstsein" hier nicht als ein Ding, eine Ursache oder Kraft, kurz ein erklärendes Princip, sondern schlecht-

hin als Phänomen und zwar als Grundphänomen der Psychologie ins Auge zu fassen und zu fragen: was enthält dieses Phänomen? Was finden wir bei jedem thatsächlichen Bewusstsein vor, wodurch ist es als solches, seiner unmittelbaren Erscheinung nach, gekennzeichnet?

Wir gebrauchten bereits die synonyme Bezeichnung des „subjectiven Erlebens". Dieselbe bringt nur in noch bestimmterer Weise etwas zum Ausdruck, was übrigens indirect in „Bewusstsein" auch liegt. Dieser infinitivische Ausdruck besagt doch in concreto jedenfalls die Thatsache, dass ich oder ein Andrer sich irgendeines Inhalts, welcher es auch sei, bewusst ist. Die reflexivische Ausdrucksweise „ich bin mir bewusst" weist schon darauf hin, dass zum Bewusstsein unerlässlich das „Subject" gehört, dem Etwas bewusst ist. Ohne die reflexive Beziehung auf das, was wir „Ich" nennen, hat das Bewusstsein keine angebbare Bedeutung mehr. Bewusst-sein heisst Sich-bewusst-sein.

Und offenbar ist diese reflexive Beziehung das einzig Durchgängige und Unterscheidende der Bewusstseinserscheinungen. Denn was den Inhalt betrifft, dessen wir uns bewusst sind, so kann er ein sehr mannigfaltiger und wechselnder sein; allem Bewusstsein gemeinsam ist nur, dass überhaupt ein Inhalt gegeben sei. „Inhalt" nennen wir alles, was nur immer im Bewusstsein auf ein Ich bezogen ist, es habe übrigens eine Beschaffenheit, welche es wolle. Vielleicht scheint die Bezeichnung nicht ganz zutreffend für Einiges, was doch auch auf ein Ich bezogen ist, wie Gefühl und Strebung; vielleicht fehlt es eben an einer Bezeichnung, die für alle Besonderungen dessen, was Irgendwem bewusst sein mag, gleich gut passt; das bleibe für jetzt ununtersucht. Dem herrschenden Sprachgebrauch der Psychologen widerstreitet es wenigstens nicht, auch ein Gefühl, ein Begehren einen Inhalt des Bewusstseins zu nennen; jedenfalls ist es etwas, das uns oder dessen wir uns bewusst sind, und nur das möge der Ausdruck „Inhalt" für jetzt bedeuten. Denn nur auf den Unterschied dessen, was uns bewusst ist, es sei, was es sei, und des Bewusst-seins selber, d. h. der für alles Bewusstsein wesentlichen Beziehung auf ein Ich, kommt es vorerst an. Diese Beziehung ist es, welche den Inhalt zum Bewusstseinsinhalt macht; wir nennen sie auszeichnend „Bewusstheit", indem wir aus der Gesammtthatsache: „Etwas (irgendein Inhalt) ist mir bewusst", das Bewusst-sein des Inhalts durch eine blosse Abstraction herauslösen und für sich zu betrachten versuchen.

2 Da ergibt sich denn das Seltsame, dass an diesem grundwesentlichen, unleugbar in jedem wirklichen Bewusstsein eingeschlossenen Moment gar nichts weiter ist, worüber sich Untersuchung anstellen liesse. Es lässt sich eigentlich nur tautologisch umschreiben, aber mit nichts Anderem vergleichen, noch weniger davon ableiten oder dadurch erklären. Wir mögen etwa sagen, es sei die in jedem Augenblicke des thatsächlichen Bewusstseins stattfindende, und zwar immer die gleiche und selbige, eine und einzigartige Beziehung des jedesmaligen Bewusstseinsinhalts wie auf ein Centrum. Allein schon indem ich sage: „wie" auf Centrum, deute ich an, dass diese (seit den Neuplatonikern beliebte) Bezeichnung nur gleichnissweise verstanden werden darf. Wirklich trifft die Vergleichung nicht in jedem Betracht zu. Der Mittelpunkt eines Kreises gehört mit den Punkten der Peripherie doch in eine Ordnung der Gegenstände, er hat zu ihnen ein Verhältniss gleicher Art, wie sie zu ihm. Nicht so in unserem Falle: das Ich, als das subjective Beziehungscentrum zu allen mir bewussten Inhalten, steht diesen Inhalten unvergleichlich gegenüber, es hat zu ihnen nicht eine Beziehung gleicher Art wie sie zu ihm, es ist nicht seinen Inhalten bewusst wie der Inhalt ihm; es zeigt sich ebendarin nur sich selber gleich, dass wohl Anderes ihm, aber nie es selbst einem Andern bewusst sein kann. Es kann selbst nicht Inhalt werden und ist in nichts dem gleichartig, was irgend Inhalt des Bewusstseins sein mag. Es lässt sich ebendarum auch gar nicht näher beschreiben; denn alles, wodurch wir das Ich oder die Beziehung darauf zu beschreiben versuchen könnten, würde doch nur aus dem Inhalte des Bewusstseins genommen werden können, und also es selbst, das Ich, oder die Beziehung auf dasselbe, nicht treffen.

Anders ausgedrückt: jede Vorstellung, die wir uns von Ich machen würden, würde dasselbe zum Gegenstand machen. Wir haben aber bereits aufgehört, es als Ich zu denken, indem wir es als Gegenstand denken. Ich-sein heisst, nicht Gegenstand, sondern allem Gegenstand gegenüber dasjenige sein, dem etwas Gegenstand ist. Dasselbe gilt von der Beziehung auf das Ich. Bewusst-sein heisst Gegenstand für ein Ich sein; dies Gegenstand-sein lässt sich nicht selbst wiederum zum Gegenstand machen.

Während also die Bewusstheit oder Beziehung auf ein Ich das Einzige ist, was einen Bewusstseinsinhalt von Allem, was, ohne Irgendjemanden bewusst zu sein, doch da wäre, unterscheidet, so scheint doch dies einzig Unterscheidende aller näheren Erklärung zu spotten. Die Thatsache der Bewusstheit, obwohl die Grundthatsache der Psychologie, kann wohl als vorhanden constatirt, durch Aussonderung bemerklich gemacht, aber sie kann nicht definirt noch von etwas Anderem abgeleitet werden.

3. Ist dieses erste Ergebniss nun auch ein bloss negatives, so hat es doch wenigstens den Nutzen, vor Abwegen zu bewahren, auf welche die Psychologie fast unvermeidlich geräth, sobald sie diesen Punkt ausser Acht lässt. Wir müssen auf Grund unserer Festsetzung ein für allemal und grundsätzlich auf jede Erkenntniss Verzicht thun, die aus der nackten Thatsache der Bewusstheit oder der Beziehung auf ein Ich (Ichheit) gezogen werden soll; und können voraussagen, dass jeder Versuch, eine solche zu erreichen, auf eben jener Verwechslung beruhen wird, die wir abwehrten; darauf nämlich, dass man das Ich, trotz seiner von Jedem eigentlich zugestandenen Unvergleichbarkeit mit Allem, was für es Gegenstand ist, doch erkennen, mithin zum Gegenstand machen will.

Es genügt, an einem einzigen typischen Beispiel den Grundfehler aller auf den nackten Begriff des Ich sich aufbauenden Speculation deutlich zu machen. Der Ich-Philosoph κατ' ἐξοχήν ist bekanntlich FICHTE, der aus dem einfachen, unverfänglich lautenden Satze: das Ich sei dasjenige, welches sich selber vorstelle, oder die Identität von Subject und Object, so ziemlich alles Existirende hervorzuzaubern verstand. HERBART hat jenen FICHTE'schen Satz vom Ich nicht übel parodirt. Das Ich stellt sich selber vor. Was heisst: sich selber? Natürlich eben das Ich, oder das sich selber Vorstellende; denn es soll ja Subject und Object dieses Vorstellens Eins und dasselbe sein. Also: das Ich stellt vor das sich selber Vorstellende. Natürlich erneuert sich die Frage: was heisst sich selber? Offenbar wieder das Ich oder das sich selber Vorstellende. Also: das Ich stellt dasjenige vor, welches vorstellt das sich selber Vorstellende, und so in infinitum. Das Ich löst sich also auf in die unendliche Reihe: das Vorstellen des Vorstellens des Vorstellens etc. Es will mir nicht gelingen, in dieser Auflösung des Ich in eine unendliche Reihe tiefe Aufschlüsse über unser letztes Ich-Wesen zu finden, ja auch nur ein ernstes Problem darin zu erkennen. Für uns fällt vielmehr dies ganze Ich-Problem dahin, weil wir die ursprüngliche Definition — aus der, wie es in den feineren metaphysischen Erdichtungen allemal ist, das Weitere unwidersprechlich folgt — nicht zugeben können: dass das Ich dasjenige sei, welches sich selber „vorstelle", d. h. zum Object habe. Das Ich ist niemals Object, weder für ein Andres, noch, was mir der Gipfel des Unmöglichen scheint, für es selbst.

§ 5.

Es ist ebenfalls eine Täuschung, wenn man glaubt, dass wir beim Wahrnehmen, Vorstellen, Denken etc. ausser dem Bewusstsein des wahrgenommenen, vorgestellten, gedachten Inhalts noch ein Bewusstsein unseres Wahrnehmens, Vorstellens oder Denkens hätten; z. B. beim Hören eines Tons 1) ein Bewusstsein des Tons, 2) ein Bewusstsein des Hörens. „Der Ton ertönt mir" und „ich höre den Ton", dies sind nicht zwei Thatsachen, sondern eine, nur auf zweierlei Art ausgedrückt nach den beiden darin unterscheidbaren Momenten, dem Dasein eines Inhalts und dessen Verhältniss zu mir. Der Inhalt ist, als Bewusstseinsinhalt, gar nicht da ohne sein Verhältniss zum Ich, für welches er da ist; noch weniger ist dieses Verhältniss da ohne den Inhalt, der in diesem Verhältniss steht. Die von Psychologen nicht selten behauptete Unterscheidung zwischen der Vorstellung eines Inhalts und der Vorstellung dieser Vorstellung beruht auf dem (§ 4 gerügten) Fehler, dass man die Bewusstheit oder Beziehung zum Ich vom Dasein des Inhalts zu isoliren und für sich gegenständlich zu machen sucht.

Demnach ist durch die Bewusstheit die specifische Eigenthümlichkeit der psychischen Phänomene zwar bezeichnet, aber eine positive Aufgabe für die Psychologie noch nicht bestimmt, sondern nur erst das Gebiet abgesteckt, innerhalb dessen sie zu suchen ist.

1. Die Täuschungen, welche aus der Vergegenständlichung des Ich entspringen, sind mit dem in § 4 Gesagten nicht erschöpft.

Nicht bloss Metaphysiker, sondern auch solche Psychologen, welche sich eines rein empirischen Verfahrens rühmen, sind in Fehler, die aus derselben Wurzel stammen, nicht selten verfallen.

In der That wird nicht Mancher es sogleich einräumen, dass wir uns selber in keiner Weise sollten Object sein können. Jeder meint doch auch von sich selber ein Bewusstsein zu haben, nicht bloss von allerlei Inhalten. Sogar scheint ein jedes Bewusstsein, wovon es auch sei, das Bewusstsein unser selbst einzuschliessen; wie wäre es sonst unser Bewusstsein? Bewusst-sein heisse Sich-bewusst-sein, so sagten wir selbst. Und wenn allerdings auf die Frage: was denn diese reflexive Beziehung, und was der Beziehungspunkt selbst, das Ich, bedeute, sich so in abstracto schwer antworten lasse; in concreto meint doch Jeder sehr wohl zu wissen und auch einigermassen sagen zu können, was er damit meint. In jedem Wahrnehmen, Vorstellen, Denken oder welche andere Modification des Bewusstseins man nennen mag, haben wir, so glaubt man, ausser dem Bewusstsein des Wahrgenommenen, Vorgestellten, Gedachten noch ein Bewusstsein des Wahrnehmens, Vorstellens, Denkens, und dadurch erhielten das Ich und die Bewusstheit ihre nähere Bestimmung. Das Ich in abstracto sei freilich nichts, aber das Ich in concreto, d. h. als Subject oder Beziehungspunkt unseres jeweiligen thatsächlichen Bewusstseins, sei eben alles dieses: wahrnehmend, vorstellend, denkend u. s. f., oder, wenn denn ein zusammenfassender Ausdruck nöthig ist: thätig. Durch das allgemeine Prädicat der Thätigkeit sei das Ich hinreichend bestimmt. Was aber eine „Thätigkeit" des Bewusstseins bedeute, dies müsse man wiederum nicht so in abstracto zu erklären unternehmen, da gelange man zu nichts, aber an solchen Beispielen von Thätigkeiten oder Bewusstseinsacten wie die vorgenannten werde es genugsam klar. Und so ist die Unterscheidung von Inhalt und Act des Bewusstseins in der Psychologie althergebracht; sie wird gemeiniglich ohne weitere Vorbereitung als von selbst verständlich eingeführt. Und um so weniger meint man auf dieselbe verzichten zu können, als sich durch sie allein eine sichere Abgrenzung der psychologischen Aufgabe gewinnen lasse. Was immer ein Gegenstand oder Inhalt des Bewusstseins ist, z. B. der Ton, mag zugleich Object irgendeiner andern, etwa der Naturwissenschaft sein; Gegenstand für ein

Bewusstsein ist ja schliesslich Alles — die ganze äussere Natur. Aber das Bewusst-sein, die Thätigkeit (z. B. das Hören), sei ein ganz eigenthümliches Object der Psychologie, die mit dem Inhalt nur soweit zu thun habe, als seine Gestaltung eben durch die besondere Art der Bewusstseinsthätigkeit bedingt sei und also auf diese zurückschliessen lasse.

2. Nun haben zwar auch wir nicht geleugnet, dass wirklich in jedem Bewusstsein diese zwei Momente sich unterscheiden lassen: das Dasein eines Inhalts und sein Verhältniss zum Ich. Aber wir leugneten, dass dies Verhältniss sich irgendwie auch für sich gegenständlich machen und in gesonderte Betrachtung stellen lasse. Im Bewusstsein eines Inhalts liegt immer schon jenes unbeschreibliche Gegenüber zum Ich, sonst wäre es nicht Bewusstsein; wer aber glaubt, sich dies Gegenüber auch noch für sich vor- oder gegenüberstellen zu können, der täuscht sich offenbar.

Wenn mir aufgegeben wird, darauf zu achten, ob ich eine bestimmte Tonempfindung habe, so werde ich auf nichts Anderes achten als eben auf den Ton, den ich hören soll, und werde ihn dann vielleicht wirklich hören. Wer ausserdem noch sein Hören hört oder auf eine andere, mir nicht gegebene Art wahrnimmt, den könnte ich um diese Art des Wahrnehmens vielleicht beneiden, aber ich wüsste es ihm nicht nachzuthun. Der Ton ertönt mir, und, ich höre den Ton, dies sind für mich nicht zwei Thatsachen; weder zwei nacheinanderfolgende noch zwei gleichzeitig erlebte; sondern es ist eine einzige Thatsache, in der ich allenfalls durch Abstraction die uns bekannten beiden Momente unterscheiden kann, das Dasein des Inhalts und seine Zugehörigkeit zum Gesammtinhalt meines Bewusstseins. Keines dieser Momente aber lässt sich vom andern wirklich ablösen, sie sind im wirklichen Bewusstsein schlechterdings nur miteinander gegeben. Ich kann zwar das Verhältniss Beider zu einander, wie überhaupt jedes Verhältniss zweier Dinge, in doppelter Weise zum Ausdruck bringen, einmal, indem ich z. B. vom Ton sage, er habe dies Verhältniss zu mir, dass er mir ertöne, ein andermal, indem ich von mir sage, ich habe zu ihm dieses Verhältniss, dass ich ihn höre; aber dies sind so wenig zwei verschiedene Thatsachen, wie es zwei verschiedene Thatsachen sind, dass A B und dass B A gegenüberliegt. Immerhin kann ich beim räumlichen

Gegenüber Jedes, A wie B, auch für sich und in mannigfachen anderen räumlichen Relationen betrachten; in unserm Falle hingegen kann ich zwar wohl den Ton für sich oder im Verhältniss zu andern Bewusstseinsinhalten betrachten, ohne sein Dasein für ein Ich weiter zu berücksichtigen, aber ich kann nicht mich und mein Hören für sich betrachten, ohne an den Ton zu denken, sondern, wenn ich diesen Versuch mache, so finde ich, dass mir gar nichts übrig bleibt, was sich betrachten oder in Untersuchung ziehen oder worüber sich nur irgendeine Aussage thun liesse. Entschwindet mir der Ton, so entschwindet auch mein Hören des Tons, und es tritt entweder ein anderer Inhalt in mein Bewusstsein, für welchen dasselbe gelten wird, oder, wenn gar aller Inhalt mir entschwindet, so entschwindet auch die Bewusstheit und das Ich und es bleibt gar nichts übrig.

Hieraus schliesse ich: mein Bewusstsein (z. B. Hören) ist nur da oder findet statt, sofern der Inhalt (z. B. Ton) für mich da ist; sein Dasein für mich, dies ist mein Bewusstsein von ihm. Wer sein Bewusstsein noch sonst irgendwie zu ertappen vermag als im Dasein eines Inhaltes für ihn, dem kann ich es nicht nur nicht nachthun, sondern mir auch gar nicht denken, was er bei sich erleben mag. Ich muss daher in meiner Psychologie von der Unterscheidung zwischen dem Bewusstsein eines Inhalts und dem Bewusstsein dieses Bewusstseins wohl absehen; ja ich kann nach meiner Psychologie nicht umhin zu vermuthen, dass, wer so unterscheidet, sich selber täuscht und eigentlich nichts weiter im Sinne hat als die mit jedem Inhalt nothwendig gegebene Beziehung auf ein Ich; nur dass er den vorher von uns gerügten Fehler macht, diese Beziehung auch für sich gegenständlich machen zu wollen.

Nur kurzer Andeutung wird es bedürfen, dass, wer ein Bewusstsein des Bewusstseins annimmt, nur folgerecht auch ein Bewusstsein des Bewusstseins des Bewusstseins u. s. f. annehmen sollte, wie es consequentere Psychologen denn auch nicht gescheut haben. Dass man damit freilich in eine bodenlose Metaphysik geräth, wird der psychologische Empiriker, mit dem wir es hier zu thun haben, uns wohl ohne weiteres zugestehen.

3. Indessen wird gerade er uns entgegenhalten, dass doch die Unterscheidung der Bewusstseinsthätigkeiten, Empfinden, Vorstellen, Denken etc. in der Psychologie unentbehrlich sei. Möge auch das

Verhältniss zwischen Act und Inhalt dermassen eng gedacht werden, dass sich der Act ohne den Inhalt überhaupt nicht mehr klar fassen, daher auch nicht selbständig beobachten lasse; doch sei eben das Verhalten zum Inhalt ein anderes im Empfinden, ein anderes im Vorstellen, im Denken u. s. w., und um dieses verschiedene Verhalten des Ich zu seinem Inhalt, um also das Bewusstsein nach seinen verschiedenen Arten zu bezeichnen, sei der Ausdruck der Thätigkeiten (des Empfindens, Vorstellens etc.) nicht zu umgehen, wie eng und unlöslich man auch den Inhalt mit der Thätigkeit verknüpft denken möge.

Jedoch leugnen wir nichts Andres als eben dies: dass das Verhalten zum Inhalt ein anderes sei beim Empfinden, Vorstellen u. s. f.; dass es überhaupt verschiedene Arten der Bewusstheit gebe, welche mit diesen und den übrigen Ausdrücken bestimmter „Bewusstseinsthätigkeiten" sich bezeichnen liessen. In dem Grundphänomen der Bewusstheit liegt ganz und gar keine Mannigfaltigkeit und Besonderung, sie ist schlechterdings einfach und an Belehrung arm. Aller Reichthum, alle Mannigfaltigkeit des Bewusstseins liegt vielmehr ausschliesslich am Inhalte. Das Bewusstsein einer einfachen Empfindung unterscheidet sich der Art nach, als Bewusstsein, in nichts von dem Bewusstsein einer Welt; das Moment der Bewusstheit ist in Beiden durchaus dasselbe, der Unterschied liegt ausschliesslich am Inhalt.

Eine kurze Induction mag dies klar machen. Das Bewusstsein von Roth und Gelb, das Bewusstsein zweier verschiedener Töne der Art nach, als Bewusstsein, und nicht bloss durch den Inhalt zu unterscheiden, wird Niemanden einfallen. Selbst dass die verschiedenen Klassen der Wahrnehmung, z. B. Sehen und Hören, allein durch den Inhalt zu unterscheiden seien, wird man bei einigem Besinnen wohl zugeben. Dass also das Bewusstsein qualitativ verschiedener Inhalte nicht darum auch qualitativ verschiedenes Bewusstsein sei, diese Behauptung wird kaum auf Widerstand stossen.

Wohl aber meint man Grade oder Stufen der Bewusstheit unterscheiden zu müssen. Allein es sollte doch klar sein, dass der Unterschied sich hier ebenso, wie im vorigen Fall, am Inhalt aufzeigen lässt, und nirgend anders. Das Hören eines stärkeren Tones ist nicht ausserdem noch stärkeres Hören. Wenn ich „denselben"

Ton einmal leise, ein andermal laut vernehme, so ist es eben für mich nicht mehr derselbe Inhalt, schwach oder stark gehört, sondern verschiedene Inhalte. Freilich, wer überhaupt beim Hören eines Tons Zweierlei bei sich zu erfahren glaubt, 1) den Ton und 2) sein Hören, wird mit der Steigerung des Tons auch eine Steigerung des Hörens wahrzunehmen vermeinen. Allein ich frage, weshalb er nicht ebenso bei einer qualitativen Veränderung des Tons auch eine qualitative Aenderung des Wahrnehmungsacts, und so überhaupt ebensoviel verschiedene, stetig abgestufte und in einander übergehende Weisen der Bewusstheit bei sich wahrnimmt, als am Inhalte sich Unterschiede und Abstufungen bemerken lassen? Ich will gar nicht fragen, ob eine solche Verdoppelung des gesammten psychischen Thatbestands das Verständniss irgendwie fördern würde; es genügt, dass eben der unmittelbare Thatbestand nicht ein doppelter ist; denn nach diesem ist jetzt allein die Frage.

Vom hellen und dunklen Bewusstsein wird viel gesprochen; ich kann aber nicht erkennen, dass es sich mit dem Klarheitsunterschiede irgend anders als mit dem Gradunterschiede verhielte. Im einen Falle ist etwas Deutliches, im anderen etwas nicht Deutliches mir bewusst, z. B. im wachen Bewusstsein viel und deutlicher Verbundenes wie Unterschiedenes, im träumenden wenig und in loserer, schwankenderer Verbindung wie Unterscheidung. Das alles sind Unterschiede des Inhalts; das Bewusstsein des Inhalts (das Bewussthaben des Inhalts) ist in allen Fällen der Art nach, als Bewusstsein, dasselbe.

Ich kann zu verschiedenen Malen dieselben Einzelinhalte im Bewusstsein haben, aber das eine Mal so, das andere Mal anders verbunden, oder etwa auch vollständig isolirt; dann ist die Verbindung oder Verbindungslosigkeit eben am Inhalte aufzuzeigen, und nirgend ausserdem.

Zur Verbindung rechne ich ganz besonders die zeitliche Verknüpfung. Es ist ganz gewiss ein Unterschied, ob ich eines Nacheinander in der Auffassung zweier Inhalte mir bewusst bin oder nicht; es ist ein Unterschied, ob ich einen und denselben Inhalt als jetzt gegenwärtigen oder früher gegenwärtig gewesenen vorstelle; man mag auch sagen, es sei ein Unterschied in der Art, wie ich den Inhalt im Bewusstsein habe. Allein so wahr die Zeitfolge überhaupt zum Inhalt gehört und eine Ordnung oder Verknüpfung unter den Inhalten selbst ist, so gewiss ist auch hier der Unterschied in der Weise des Bewusstseins und der Unterschied in der Art, wie der Inhalt dem Bewusstsein sich darstellt, ein Unterschied und nicht deren zwei.

Mit weit mehr Schein könnte man behaupten, dass Gefühl und Streben Weisen der Bewusstheit seien, die, im Unterschied von allen andern', nicht durch die Besonderheit des Inhalts, sondern ausschliesslich durch die eigenthümliche „Betheiligung" des Subjects, also durch ein gewisses eigenthümliches Verhalten desselben zu seinem Inhalt ausgezeichnet seien. Die Frage könnte ohne eine tiefere Analyse dieser Bewusstseinserscheinungen nicht entschieden werden; doch genügt hier vielleicht die Erinnerung: dass das Ich, welches das Subject des Fühlens und Strebens ist, mit dem Ich, welches den allgemeinen Beziehungspunkt zu allem Bewusstseinsinhalt bildet, sich schwerlich deckt. Das letztere ist ein derart Abstractes, dass es sich, abgesehen von jener allgemeinen Beziehung des Bewusstseinsinhalts auf dasselbe, überhaupt nicht fassen lassen will; das erstere ist vielmehr das Concreteste, was wir nur in uns finden. Es ist vielleicht auch etwas Unsagbares, oder was sich wenigstens nur analogisch bezeichnen lässt; es ist auch sui generis; aber was es ist, ist uns, im Fühlen und Streben selber, so bewusst wie nichts Anderes. Und schon, indem ich sage: es ist uns bewusst, habe ich ausgesprochen, dass es, jenem allgemeinen Beziehungscentrum des Bewusstseins gegenüber, nur „Inhalt" ist. Im Fühlen und Streben erleben wir das, was wir, in dieser weit bestimmteren Bedeutung, uns selbst oder unser Ich nennen, ganz wie ein anderes Erlebniss. Auch, dass wir es Ich nennen, beruht schwerlich auf einem etwa engeren Verhältniss zu dem letzten Beziehungscentrum alles Bewusstseins. Eher möchte die Bezeichnung des Letzteren als „Ich" auf einer schlechten Analogie mit demjenigen Ich, welches im Fühlen und Streben sein Sein hat, beruhen. Die ganze Mythologie der „Thätigkeiten" ist augenscheinlich aus dem Gebiete des Fühlens und Strebens hergeleitet; nur weil Bewusstsein oft oder immer von Streben begleitet ist, erscheint es als ein Thun, und sein Subject als Thäter.

4. Noch erwarten wir einen Einwurf, der von allen wohl am meisten auf sich hat. Nämlich alles bis dahin Gesagte betreffe nur

die sinnliche Seite des Bewusstseins, die blosse „Perception". Da möge es richtig sein, dass sich das Ich zu allen percipirten Inhalten wesentlich in gleicher Weise, nämlich wie unbetheiligt verhalte; dass es sie bloss „erlebe", gleichsam vor sich vorüberziehen oder sich geschehen lasse. Aber in der blossen Perception sei auch die Eigenthümlichkeit des Ich gar nicht zu suchen; das wahre, eigentlich active Ich sei vielmehr das Ich der Apperception; dasjenige, welches sich als eins und dasselbe weiss gegenüber allen den wechselnden Perceptionen; welches nicht, wie diese, an das jedesmalige Jetzt gebunden, vor dem auch Vergangenes, ja Künftiges gegenwärtig, räumlich Fernes zugegen sei; auf welchem das „Verstehen", auf welchem die „Synthesis" beruhe, die das sinnlich Mannigfaltige zur gedanklichen Einheit bringe. Dieser wurzelhafte Unterschied der Perception und Apperception, der sinnlichen und intellectuellen Function sei aber doch ein Unterschied im Verhalten des Ich zu seinen Inhalten, nicht ein Unterschied der Inhalte. Zwar wird man vielleicht einräumen, dass beide in ihrer psychischen Existenz nicht getrennt sind, sich nicht im Bewusstseinsleben gleichsam abwechseln; dass vielmehr beide in einem und demselben thatsächlichen Bewusstsein verknüpft sein können, oder vielmehr nothwendig verknüpft sind; denn wo nichts percipirt würde, da wäre auch nichts zu appercipiren; und umgekehrt würde keine Perception uns zu Bewusstsein kommen, wo sie nicht auch appercipirt würde; kommt sie aber nicht zu Bewusstsein, so ist sie für uns auch gar nicht da; sie ist, in dieser Isolirung, gar kein psychisches Datum, sondern allenfalls nur erschlossen; nach dem, was gegeben sei am Bewusstsein, ist aber hier allein die Frage. Indessen wird man behaupten, dass bei alledem die beiden Functionen doch grundverschieden bleiben, wie eng auch ihre Vereinigung im wirklichen Bewusstsein gedacht werden mag.

Hierauf ist zu entgegnen: „Perception" bezeichnet eigentlich gar nicht ein Bewusstsein, nicht ein bestimmtes Verhalten des Ich zu seinem Inhalt, sondern nur das Gegebensein, das Bereitliegen eines mannigfachen Inhalts für das appercipirende Bewusstsein; „Apperception" dagegen bezeichnet nichts Andres als das Bewusstsein des Inhalts, nach der bestimmten Seite, dass es eine „Einheit" jenes „Mannigfaltigen" darstellt. Von dieser „Einheit des Bewusstseins" selbst kann eigentlich nicht gesagt werden, dass sie erscheine. Sie erscheint, mag man sagen, an der Verbindung der Inhalte, die sie begründet; allein damit wäre ja schon zugestanden, was behauptet wird: dass nämlich auch diese Eigenthümlichkeit des Bewusstseins, die wir mit Apperception bezeichnen, nur am Inhalte aufzeigbar und psychologisch zu charakterisiren sei; anders ist sie gar kein Object der Psychologie, sondern bezeichnet nur etwa ihre äusserste Grenze.

Von Verbindung war nun schon oben die Rede. Und vielleicht haben wir damit eben dasjenige Moment am Bewusstsein schon erreicht, durch welches die Aufgabe der Psychologie allgemein und zugleich positiv zu bezeichnen ist. Denn, wenn doch kein Inhalt zum Bewusstsein kommen kann, ohne appercipirt zu werden, die Apperception aber in der Verbindung der Inhalte allein psychologisch fassbar ist, so muss wohl eben sie es sein, welche die Eigenthümlichkeit des Bewusstseins, so wie es gefordert war, am Inhalte selbst zum Ausdruck bringt. Doch scheint dies noch genauerer Ergründung bedürftig zu sein.

§ 6.

Um die Aufgabe der Psychologie positiv zu bestimmen, kommt es darauf an, an dem Inhalte des Bewusstseins, so wie er im jedesmaligen Bewusstsein sich concret darstellt, ein Merkmal aufzufinden, welches allem Inhalte, eben sofern er im Bewusstsein ist, gemeinsam und eigenthümlich ist, und hinsichtlich dessen er den Gegenstand einer eigenthümlichen Untersuchung bilden kann.

Ein solches Merkmal ist die Verbindung, worin die in abstracto isolirbaren Theilinhalte im jedesmaligen wirklichen Bewusstsein sich darstellen; und zwar diese Verbindung, bloss sofern sie subjectiv im Bewusstsein gegeben ist, mit Absehung von der Frage, was sie objectiv bedeute oder gelte. Denn das Dasein der Erscheinungen, bloss als Erscheinungen, oder ihr subjectives Dasein allemal für ein Ich, abgesehen von der Frage nach dem Gegenstande, der darin erscheint, ist ihr psychisches Dasein, oder diejenige Seite der Erscheinung, nach welcher sie Gegenstand psychologischer Untersuchung ist. In den Bereich derselben fallen daher zunächst alle solche Erscheinungen, denen die Wissenschaft objective Gültigkeit überhaupt abspricht: Sinnestäuschungen, gedankliche Illusionen aller Art; aber auch die Vorstellung der sinnlichen Qualitäten, überhaupt die ganze normale, nichtwissenschaftliche Vorstellung der Dinge; desgleichen die freien Erzeugnisse der Phantasie in Spiel und Kunst, vollends das ganze, rein subjective Leben des Gefühls und Strebens; schliesslich aber auch die gesammte Arbeit der objectiv-wissenschaftlichen Erkenntniss, bloss als eine besonders charakterisirte Weise der Vorstellungsverbindung betrachtet, unangesehen des Anspruchs auf gegenständliche Wahrheit, dessen Begründung ausser den Grenzen der Psychologie liegt.

1. Nach dem Ergebniss der letzten Untersuchung sind wir für die positive Bestimmung der Aufgabe der Psychologie jedenfalls auf den Inhalt des Bewusstseins angewiesen. Es fragt sich also, ob etwa am Inhalte des Bewusstseins, und zwar an allem Inhalte, sofern er im Bewusstsein ist, ein Merkmal sich findet, welches ihm ausschliesslich in dieser Beziehung zukommt und ihn zum Object einer eigenthümlichen Untersuchung macht.

Ein solches Merkmal ist uns nun schon begegnet in derjenigen **Einheit**, worin der Inhalt im **jedesmaligen Bewusstsein**, in dem, was wir den Einzelact des Bewusstseins nennen können, sich darstellt. Sage ich: im jedesmaligen Bewusstsein, so scheint darin zu liegen, dass für jeden solchen ursprünglichen Act der Inhalt ein schlechthin gegenwärtiger sei, oder dass darin keine Zeit unterschieden werde. Sobald wir Zeit unterscheiden können, muss sich auch schon eine Mehrheit von Bewusstseinsacten unterscheiden lassen. Wie aber zwei Inhalte unterscheidbar (wie zu mehreren, unterschiedenen Bewusstseinsacten gehörig) gegeben sein können, ohne dass doch der vorhergehende Inhalt (und Act) für den folgenden überhaupt verloren ist; wie es also möglich ist, zwei oder mehrere ursprüngliche Bewusstseinsacte wiederum in Einem Acte zu vereinigen, das mag schwierig zu verstehen sein; jedenfalls geschieht es thatsächlich so. Wollen wir diese Möglichkeit sofort mit ins Auge fassen, so müssen wir den Begriff jener Einheit, die der Inhalt im jedesmaligen, unmittelbaren Bewusstsein hat, so erweitern, dass dadurch eine Mannigfaltigkeit, und auch das **Bewusstsein** einer Mannigfaltigkeit (Unterscheidung), nicht ausgeschlossen wird. Sollte es vollends sich zeigen, dass ein absolut isolirter Einzelinhalt im

Bewusstsein überhaupt nicht nachweisbar ist, so würde die fragliche Einheit **nothwendig** Vereinigung eines Mannigfaltigen, mithin **Verbindung** sein. Als eine Form derselben erkennt man sofort die zeitliche Verbindung; versteht man darunter Verbindung im Nacheinander, so steht ihr offenbar als zweite Art die Simultanverbindung gegenüber. Auf diesen Grundformen beruht alle Verbindung in der unmittelbaren Weise der „Vorstellung". Man pflegt davon die Verbindung in Form des „Begriffs" radical zu unterscheiden; doch dürfte (nach dem in § 5, 4 Gesagten) klar sein, dass diese Art der Verbindung die erstere nothwendig voraussetzt und ohne sie gar nicht stattfinden kann. Wir können daher unsere Betrachtung auf die Verbindung in Form der „Vorstellung" vorläufig einschränken.

2. Dass nun in der That alles Bewusstsein (zunächst alle Vorstellung) auf Verbindung beruht, lässt sich leicht klar machen; es ergibt sich am einfachsten auf indirectem Wege, indem man versucht, ob wohl die elementaren Inhalte des Bewusstseins sich in absoluter Isolirung darstellen lassen.

Soweit eine Isolirung der Inhalte, wenngleich in blosser Abstraction, durchführbar ist, wird sie in der Psychologie allerdings durchgeführt werden müssen. Ueberall ja suchen wir die Verbindung zu begreifen aus den in sie eingehenden Elementen. Und so wird auch die Analyse des Bewusstseins bis zu den einfachsten überhaupt noch selbständig fassbaren und bezeichenbaren Elementen allgemein für eines der nothwendigsten Geschäfte des Psychologen erachtet. In der That muss, wer von den Inhalten irgendetwas Weiteres erkennen will, zunächst sie selber kennen, so wie, um einen trivialen Vergleich zu gebrauchen, wer das Kartenspiel lernen will, vor allem die Karten kennen muss. Man wird daher versuchen müssen, die überhaupt vorkommenden einfachen Inhalte nach ihren Unterscheidungen und Abstufungen zu kennzeichnen und zu rubriciren, jeden zunächst wie etwas für sich hinzustellen und hinsichtlich seiner Aehnlichkeit und Verschiedenheit gegen andere zu beschreiben.

Indessen sehen wir doch thatsächlich keinen Elementarinhalt in einer solchen Vereinzelung im Bewusstsein auftreten, wie er etwa durch Abstraction sich vereinzeln lässt, sondern aus sehr mannigfachen, meist complicirten Verbindungen müssen wir durch eine bisweilen fast gewaltsam scheinende Abstraction die einfachen Inhalte erst herauslösen.

Und selbst durch noch so weitgetriebene Abstraction wird eine vollständige Isolirung nicht erreicht. Die Empfindung, z. B. Farbe oder Ton, lässt sich gar nicht aus aller räumlichen und zeitlichen Verbindung lösen. Desgleichen bei den Lust- und Unlustgefühlen, den Begehrungen kommt man in Verlegenheit, wie man das für sich stellen sollte, was doch niemals für sich erlebt wird, sondern stets nur als Begleiterscheinung, in unlöslicher Verflechtung mit anderen Erscheinungen (Empfindungen, Vorstellungen) im Bewusstsein auftritt. Allen complexeren Gestaltungen des Bewusstseins aber ist eben die Complexion so sehr wesentlich, dass man ihre Eigenthümlichkeit ganz vernichten würde, wenn man alle Verbindung in Abzug bringen wollte. Raum und Zeit sind nichts Andres als gewisse ursprüngliche Ordnungen und Beziehungen, mithin Weisen der Verbindung, die, wenn man sie in absolute Elemente auflösen wollte, sofort ihre ganze Bedeutung einbüssen würden. Erwägt man nun, wie sehr all unser Vorstellen an diese ursprünglichen „Bedingungen", Raum und Zeit, gebunden ist, wieviel davon noch übrig bliebe, wollte man alle räumliche und zeitliche Verbindung daraus wegdenken, so muss klar werden, dass in der That Verbindung die Grundgestalt, die eigentliche Existenzweise psychischer Inhalte, die Isolirung der Elementarinhalte, soweit überhaupt ausführbar, erst Resultat wissenschaftlicher Abstraction ist.

3. Ist demnach Verbindung unzweifelhaft ein Merkmal, welches allem Inhalte des Bewusstseins, und zwar sofern er im Bewusstsein ist, gemeinsam zukommt, so kann man eher im Zweifel sein, ob es auch zugleich ein solches Moment sei, welches den psychischen Thatsachen eigenthümlich ist.

Und da könnte die Erwägung einen Augenblick stutzig machen, dass doch auch alle objective Betrachtung der Dinge es mit Verbindung, sogar ausschliesslich, zu thun habe. Indessen auf die Verbindung im jeweiligen Bewusstsein kommt es an; diese lässt sich in der That von aller Verbindung, wie sie im objectiven Sein der Dinge, in Abstraction von dem Bewusstsein, dem sie jedesmal gegeben sein mag, vorausgesetzt wird, sehr wohl unterscheiden und zum Gegenstande einer eigenen Untersuchung machen.

Die ganze Arbeit der objectiven Wissenschaft besteht darin: die Phänomene aus der sozusagen zufälligen Verbindung, in der sie in der jedesmaligen Erscheinung, mithin im Bewusstsein, „zusammengerathen" sind, in eine solche Verbindung (unter Gesetzen) zu bringen, in der sie nothwendig „zusammengehören", um eine von LOTZE gern gebrauchte Ausdrucksweise anzuwenden; oder, wenn man lieber will, die objectiv nothwendige Ordnung der „Natur" aus der subjectiven und zufälligen Ordnung (vielmehr Unordnung) der Phänomene herauszuerkennen. Allein zunächst, vor aller Beziehung auf eine zu Grunde liegende „wahre" Ordnung der Dinge unter Gesetzen, sind doch die Phänomene und ihre anscheinend regellose Unordnung, in der sie „zusammengerathen" sind, auch etwas. Die Erscheinungen sind da, sie sind etwas, jedenfalls darin, dass sie erscheinen; sogar ist dies ihre erste, ihre unmittelbare Existenzform. Mag die Erscheinung ferner auch ein „Object" bedeuten oder darauf hinweisen; vom Standpunkte der Erscheinung selbst ist dies ein ihr Ausserwesentliches, erst Hinzukommendes, Secundäres; ihre unmittelbare, ursprüngliche Daseinsweise, als Erscheinung, weiss nichts von dieser Bedeutung fürs Object. Heisst die Wissenschaft dies ursprüngliche Sein der Erscheinung subjectiv, so ist es zu allererst dies subjective Sein der Erscheinung, welches die Psychologie angeht. Das subjective Sein der Phänomene, in Abstraction von aller Beziehung auf ein Object, auf eine objective Ordnung der Dinge, ist ihr psychisches Dasein in reinster, unmittelbarster Form. Dadurch ist denn auch die Verbindung im Bewusstsein von aller solcher Verbindung, wie sie im „Gegenstande" vorausgesetzt wird, sicher zu unterscheiden.

Daher wird die Eigenthümlichkeit des psychologischen Interesses am ersichtlichsten an allen solchen Phänomenen, denen die Wissenschaft objective Geltung überhaupt abstreitet. Sinnestäuschungen und gedankliche Illusionen, die Phantasmen des Traums und Wahnsinns, sind psychologisch nicht minder wichtig als die geordnetsten Beobachtungen und Gedankenoperationen des wissenschaftlichen Forschers. Namentlich aber gibt es weit ausgedehnte Gebiete von Erscheinungen, die im Bewusstseinsleben durchaus normal und von wahrer, unstreitiger, obgleich bloss subjectiver Bedeutung sind, denen dagegen die Wissenschaft die objective Bedeutung abspricht. Das typische Beispiel dafür sind die sinnlichen Qualitäten. Mag den selben die Wissenschaft objective Realität abstreiten, sie hören darum nicht auf zu erscheinen, und wo sollte dies ihr Dasein als Erscheinung zu Recht und Anerkennung kommen, wenn nicht in der Psychologie? Auch bleiben uns die Dinge selbst farbig und tönend; selbst diese Vorstellungsweise der „Dinge" hat jedenfalls das Recht des Daseins, nämlich des psychischen; solches Recht sichert ihr die Psychologie. Von da aus muss sofort einleuchten, wie überhaupt unsere ganze nicht-wissenschaftliche Vorstellung der Dinge die Psychologie angeht. Nach durchaus subjectiven, nicht objectiv-wissenschaftlichen Gesichtspunkten sind uns die Dinge, solange wir nicht Wissenschaft treiben, sammt und sonders benannt; und nicht etwa erst die Benennung, sondern zu allererst die Vorstellung, welche für die Namengebung der Dinge, ihrer Eigenschaften, Zustände, Thätigkeiten etc. massgebend ist, alles dies ist psychologisch. Natürlich ist auch die Benennung als solche von bloss subjectiver, mithin psychologischer Bedeutung; dass man auch weiss, wie die Sterne heissen, ist keine objectiv-wissenschaftliche Erkenntniss. Gleiches gilt, vielleicht noch ersichtlicher, von der „freien", nämlich gar nicht auf objectiv Wirkliches gerichteten Phantasiethätigkeit, die etwa auf die beiden Hauptrubriken: Spiel und Kunst, sich reduciren lässt; endlich für das rein subjective Leben des Gefühls und Strebens, die ganze active Seite des menschlichen Daseins, sofern sie ins Bewusstsein fällt. Mit Streben und Thätigkeit hat die objective Wissenschaft eigentlich nichts zu thun, sie weiss nur vom Geschehen und von Abhängigkeiten des Geschehens, von den abstracten Relationen der Gesetze. Streben und Thätigkeit sind durchaus „subjective", mithin psychologische Begriffe; wer sie in die objective Wissenschaft hineinträgt, verwandelt diese in Mythologie. Selbst solche Mythologie kann ihre wahren und ernsten subjectiven Gründe haben; insofern hat sie für die Psychologie Interesse und findet darin ihr Recht.

4. Schliesslich aber ist das Gebiet der Psychologie doch nicht bloss durch den Gegensatz zur objectiven Wissenschaft bestimmt. Vielmehr geht die ganze Vorstellung der Objectivität und die ganze Leistung der Wissenschaft, wodurch dieselbe aus den Phänomenen erst herausgearbeitet wird, eben als Vorstellung, als Bewusstseinsgestalt, gleichfalls die Psychologie an. Es wurde schon

gesagt, dass diese Leistung eigentlich bestehe in der Herstellung neuer, festerer Verbindungen von Bewusstseinsinhalten aus den zunächst gegebenen, nach bestimmten leitenden Grundsätzen und Regulativen, d. h. allgemeinen Gesichtspunkten. Dies alles findet im Bewusstsein statt, verlangt also auch als eine Weise des Bewusstseins psychologisch bestimmt zu werden. Was Gesetz, was Begriff, was ein Allgemeines sei, wie die Mannigfaltigkeit der Erscheinungen unter die Einheiten der Gesetze sich füge, dies will im ganzen Zusammenhang des subjectiven Geschehens dargelegt und nachgewiesen sein. Die gesammte objective Erkenntniss (der Phänomene unter dem Gesetz), als eine bloss besonders charakterisirte Weise der Vorstellungsverbindung betrachtet, bildet mithin einen Vorwurf der Psychologie nicht minder als alle Arten des Irrthums und Wahns und die gesammte nichtwissenschaftliche Vorstellung.

Der gemeinschaftliche Gesichtspunkt aber für dies so umfassende Gebiet von Erscheinungen ist der der Verbindung; immer mit der näheren Bestimmung, dass es sich handle um die Verbindung, wie sie im jeweiligen Bewusstsein gegeben ist. Daher gehört zu ihrer Aufgabe nicht die Begründung des Vorrechts gewisser Vorstellungsverbindungen, als objectiv gültiger. Der Unterschied objectiver und subjectiver Geltung von Vorstellungen bildet nicht ihren Fragepunkt. Zwar sofern dieser Unterschied auch wieder dem Bewusstsein angehört, da doch eben wir es sind, die im (erkennenden) Bewusstsein ihn setzen, mag wohl auch die Psychologie ihn in Untersuchung ziehen, und nach subjectiven Gründen solcher Bevorzugung forschen. Aber sicher bedeutet doch objective Wahrheit oder Gültigkeit noch etwas Anderes als bloss die thatsächlich im Bewusstsein vollzogene und anerkannte Vorstellungsverbindung; sie wird im „Gegenstande" an sich bestehend gedacht, unabhängig von der Frage, ob sie und wem sie zu Bewusstsein kommt und was oder wieviel sie dem, dem sie zu Bewusstsein kommt, gelte und werth sei. Sie besteht an sich, d. h. sie besteht für eine Betrachtung, welche von der Subjectivität des Vorstellens ausdrücklich und mit Nothwendigkeit abstrahirt. Keine Frage, dass in dieser Entgegensetzung der Objectivität gegen die Subjectivität ein Problem liegt; hier darf wohl der Unterschied als durch das Factum der Wissenschaft feststehend zu Grunde gelegt werden; soweit es übrigens für unseren Zweck erforderlich ist, wird der zweite Abschnitt die Frage berücksichtigen; und sonst sei auf den Aufsatz des Verfassers [1] „Ueber objective und subjective Begründung der Erkenntniss" verwiesen.

Allgemein also bildet die Verbindung der Inhalte im thatsächlichen Bewusstsein (daher ohne Rücksicht des Unterschieds objectiver oder bloss subjectiver Gültigkeit) das Object der psychologischen Untersuchung.

5. Noch haben wir diesen zweiten Fundamentalbegriff der Psychologie, den Begriff der Verbindung, mit dem Urbegriff der Bewusstheit in Verhältniss zu setzen.

Erklärten wir Bewusstheit überhaupt als die Beziehung gegebener Inhalte auf ein Ich, und zwar die gleiche und nämliche für alle, so ist Verbindung eben die Weise, wie in der jedesmaligen Beziehung auf ein und dasselbe Ich ein mannigfaltiger Inhalt sich darstellt oder erscheint. Ja, wir dürfen sagen, die Verbindung sei nichts Andres als der concrete Ausdruck jener Beziehung selbst. Prüft man, was der Vergleich mit der Beziehung auf ein Centrum (§ 4, 2) Concretes bedeute, so wird man immer nur Verhältnisse oder Beziehungen unter den Inhalten des Bewusstseins aufzeigen können, etwa die Beziehung, wodurch zwei oder mehrere Punkte in Einer Strecke (Zeitpunkte in einer Zeitstrecke) verbunden gedacht werden. Ich behaupte nun, eben durch diese Verbindung der Inhalte sei die Bewusstheit oder die Beziehung auf ein und dasselbe Ich ausgedrückt, soweit sie eines Ausdrucks in concreto überhaupt fähig ist. Das Ich oder Bewusstsein ist nicht in der Zeit, sondern die Zeit ist im Bewusstsein, ihre Einheit ist Einheit des Bewusstseins. Die Einheit dieses Mannigfaltigen, mithin die Verbindung, charakterisirt das Bewusstsein, jedoch nur als erscheinend am Inhalt. Wie das Mannigfaltige Eines sein könne, nämlich ein Bewusstsein, das ist freilich keiner weiteren Erklärung fähig; doch ist gewiss, dass es, im Erlebniss des Bewusstseins, Eines ist; dass diese Einheit ein charakteristisches Moment des subjectiven Erlebnisses ist.

So erlangt also in der „Verbindung" die Bewusstheit selbst

---

[1] Philosophische Monatshefte, Bd. XXIII, S. 257—288.

erst ihren bestimmten und positiven Werth; das Ich ist eines und dasselbe allemal für eine gewisse, beliebig weit erstreckte Verbindung von Inhalten. Und wenn leicht das eine Bewusstsein als dasjenige erscheint, welches, vermöge der gemeinsamen Beziehung auf dasselbe, die Einheit im Inhalte (d. h. die Verbindung) bewirkt, so darf man doch nicht übersehen, dass auch umgekehrt die Einheit und Selbigkeit des Ich gar nicht anders als durch die Verbindung sich concret darstellen lässt. Ist es sehr natürlich zu sagen: die Verbindung finde statt vermöge der gemeinschaftlichen Beziehung auf dasselbe Ich, so ist doch diese Erklärung eigentlich tautologisch; denn das Ich ist auch umgekehrt eines und dasselbe für eine Mehrheit von Inhalten nur, sofern diese Inhalte Verbindung haben. Verbindung ist die Beziehung auf ein und dasselbe Ich; Beziehung auf ein und dasselbe Ich, das ist die Verbindung; Eins durch das Andere erklären heisst idem per idem erklären.

Es erhellt jetzt wohl, wie von diesem einzigen Punkte aus der Zugang in ein weites Feld von Untersuchungen sich öffnet. War die abstracte Bewusstheit das Leerste und Armseligste, was sich nur erdenken lässt, so ist dagegen die bestimmte Verbindung der Inhalte im jeweiligen Bewusstsein von grenzenloser Mannigfaltigkeit und bietet der Untersuchung überreichen Stoff. Auf ihr beruht namentlich auch alle concretere Bedeutung des Ich. „Ich" heisst uns für gewöhnlich nicht ein Subject überhaupt, sondern „unser" Subject, d. h. Jedem sein eigenes. Dies Jedem eigene Ich oder „Selbst" ist allein charakterisirt durch die Besonderheit, vielmehr Einzigkeit seiner Erlebnisse; es beruht zunächst auf der Continuität dieser Erlebnisse in seiner Erinnerung, d. h. auf einer sehr verwickelten Complexion von lauter Verbindungen (zeitlichen und simultanen); nur dadurch bin ich „ich Selbiger".

§ 7.

Da alle Inhalte im Bewusstsein in Succession auftreten, mithin aller sonstigen Verbindung die Succession als ursprünglichste Form der Verbindung zu Grunde liegt, so erscheint leicht das Bewusstsein selbst als successives Geschehen, als Process. Und da ein so eigenthümlich gestalteter Process auch ein eigenthümliches Subject und eine eigenthümliche Weise der Verursachung vorauszusetzen scheint, so ist man geneigt, die Erscheinungen des Bewusstseins als Wirkungen einer eigenthümlichen Kraft oder Thätigkeit (Energie) des Bewusstseins aufzufassen: sei es nun, dass man (wie HERBART) den „Vorstellungen" selbst eine gewisse Eigenexistenz beilegt und sie mit Kräften der Selbsterhaltung begabt, vermöge deren sie sich gegeneinander im Bewusstsein zu behaupten bzw. daraus zu verdrängen streben, oder es vorzieht, alle jene Kräfte vielmehr an ein gemeinschaftliches Subject des Bewusstseins (Ich oder Seele) zu hängen. Indessen muss klar sein, dass ein Subject, desgl. eine Kraft oder Thätigkeit des Bewusstseins keinesfalls gegeben ist, sondern nur etwa zur Erklärung des Gegebenen angenommen werden könnte; ferner, dass jede Vorstellung eines Bewusstseinsprocesses, jede Zusammenfassung einer Mehrheit successiver Momente des Bewusstseins als ein Vorgang, bereits eine Objectivirung der Bewusstseinserscheinungen enthält, welche mit dem ihnen wesentlichen Charakter der Subjectivität streitet. Gegeben ist nicht das Bewusstsein als Vorgang in der Zeit, sondern die Zeit als Form des Bewusstseins; d. h. die Möglichkeit, dass eine Mehrheit von Inhalten zugleich durch die Zeit unterschieden und in einem, gleichsam übergreifenden Bewusstsein verbunden ist. Ueberdies liegt in jeder Vorstellung eines Processes schon unvermeidlich die theoretische Voraussetzung einer Einheit des Subjects wie der Ursache der fraglichen Erscheinungen. Von allen solchen Annahmen ist daher mindestens so lange abzusehen, als es sich bloss um die Feststellung des psychisch Gegebenen handelt.

1. In § 4 wurde gezeigt, dass das Subject des Bewusstseins und die Natur der Bewusstheit überhaupt kein Object einer eigenthümlichen psychologischen Untersuchung bilden kann. Es wurde ferner (§ 5) die Meinung zurückgewiesen, als könne, wenngleich nicht das Ich in abstracto und sein allgemeines Verhalten zum Inhalt, so doch das besondere Verhalten desselben in den einzelnen Gestaltungen des Bewusstseins (Empfindung, Vorstellung u. s. w.), als ebensovielen verschiedenen Bewusstseinsthätigkeiten, den Gegenstand der Psychologie bilden. Nach Beseitigung beider Auffassungen blieb als alleiniges Object der psychologischen Forschung der Inhalt, und zwar rücksichtlich seiner Verbindung im jeweiligen Bewusstsein, übrig.

Indessen, die Meinung, als ob doch auch vom Ich und der Bewusstseinsthätigkeit sich etwas müsse sagen lassen, will sich so leichten Kaufs nicht verdrängen lassen; und sie könnte versuchen, sich gerade an ein bestimmtes Moment des Inhalts und zwar seiner Verbindung anzuklammern, an das Moment der Succession. Allen Bewusstseinsphänomenen ist es gemeinsam, im Nacheinander aufzutreten; mindestens unterschieden, d. h. in seinen Einzelmomenten zu gesondertem Bewusstsein gebracht, wird auch eine als simultan vorgestellte Mehrheit von Inhalten nur, indem wir Eins nach dem Andern setzen; und wenn die Einzelmomente, um unterschieden zu werden, nacheinander gegeben sein müssen, so müssen auch die mannigfachen Verbindungen der Elementarinhalte sich, wenigstens ursprünglich, successiv im Bewusstsein vollziehen, wiewohl sie hernach als gleichsam fertige Producte der Vorstellungsthätigkeit bereit zu stehen und auf gegebenen Anlass ohne weiteres im Bewusstsein wieder aufzutreten scheinen. In unserer Sprache würden wir diese thatsächliche Bedeutung der Succession im Bewusstsein damit ausdrücken, dass aller Verbindung der Inhalte (auch der Simultanverbindung) als Urform der Verbindung die Zeit zu Grunde liege.

Indessen ist es sehr natürlich, dass mit der Vorstellung der Succession sich unmittelbar die einer Thätigkeit oder Kraft verknüpft. Der Sprachausdruck unterstützt noch diese an sich naheliegende Uebertragung. Empfindung, Vorstellung, Gedanke, Begehr, Gefühl, Wille, oder welchen Ausdruck man wählen mag für irgendwelche bestimmte Erscheinungen des Bewusstseins, scheint immer zweierlei zu bedeuten, das Empfundene, Vorgestellte, Gedachte, das Object des Begehrens, Fühlens, Wollens, und auch das Empfinden, Vorstellen, Denken, Begehren, Fühlen, Wollen als Act. Auch Verbindung kann ebensowohl bedeuten das Verbundensein der Inhalte, ihr Auftreten im Bewusstsein· als verbunden, wie die Herstellung, den successiven Vollzug der Verbindung, als Act oder Process des Bewusstseins gedacht. Der Ausdruck der Thätigkeit ist sprachlich gar nicht zu vermeiden; darin aber liegt unmittelbar die Annahme einer den Inhalt (bezw. dessen Verbindung) bewirkenden, wenigstens ins Bewusstsein heraufrufenden Kraft. Nimmt man eine solche, stillschweigend oder ausdrücklich, an, so ist es dann nur natürlich, dass man den Act als das Primäre, weil Verursachende, die thatsächliche

Erscheinung im Bewusstsein als das blosse jeweilige Resultat der Bewusstseinsthätigkeit betrachtet.

2. Einmal zugelassen, erscheint aber die Annahme des Bewusstseins als Thätigkeit, als „Energie", und die Bevorzugung einer eben auf dies Moment der Thätigkeit gerichteten Untersuchung vor einer blossen Analyse des Inhalts nicht bloss natürlich, sondern leicht auch als wissenschaftlich nothwendig. Es erscheint sehr viel wissenschaftlicher, die gestaltenden Processe, als bloss die gegebenen Gestaltungen ins Auge zu fassen. Seien auch die fertigen Gebilde das für uns Erste, zunächst Gegebene, unmittelbar Erscheinende am Bewusstsein; überall sonst gilt es doch als Aufgabe der Wissenschaft, vom Erzeugniss auf den Process der Erzeugung zurückzugehen. Daher strebt Naturwissenschaft überall die ruhenden Formen in lebendige Processe, in Handlung umzusetzen; die blosse analysirende Beschreibung der Ersteren betrachtet sie nirgend als letzte Aufgabe, sondern allenfalls als nöthige Vorarbeit zur Erforschung des Werdeprocesses. Ja die ruhende Form erscheint überhaupt als sozusagen willkürliche Fiction, mindestens blosse Abstraction. Um nur überhaupt erst in dem unaufhaltsamen Strome des Werdens festen Fuss zu fassen, um gleichsam einen Standort zu gewinnen, von dem aus wir ihn überschauen und darüber mit unseren Gedanken Herr werden können, fixiren wir in der Betrachtung zunächst eine bestimmte Stufe des Geschehens. Thatsächlich aber bleibt Alles im continuirlichen Flusse der Veränderung begriffen, und es beharrt nichts als das Gesetz der Veränderung. Darum gilt Bewegung als das Grundphänomen der Natur, Energie als das Hauptinstrument ihrer Erklärung.

Soll nun an dieser Lebendigkeit und Regsamkeit des Geschehens etwa das Bewusstsein allein nicht theilhaben? Vielmehr muss nicht alles Leben und Regen der Natur im Leben und Regen des Bewusstseins sich uns darstellen, da wir ja von keiner Natur anders wissen als in dem Bewusstsein, welches wir von ihr haben? Und so scheint nichts gerechtfertigter, nichts wissenschaftlicher, als dass man auch hier in den scheinbar ruhenden, starren Formen, den fertigen Gestaltungen des Bewusstseins, bloss willkürliche Abstractionen sieht, die in Handlung und Entwicklung, in einen continuirlichen Process, in Energie wieder aufzulösen die eigentliche Aufgabe der Psychologie sei.

Davon war ARISTOTELES durchdrungen, dass die Erscheinungen des Bewusstseins als Lebenserscheinungen, als Energieen aufzufassen seien. Bloss zur Unterscheidung der mannigfachen Arten der seelischen Energie unterschied er die „Vermögen", wofür man immerhin, ohne an der Sache etwas zu ändern, den heute beliebteren Ausdruck der „Function" setzen dürfte. Allerdings dachte sich ARISTOTELES die Aufgabe viel zu einfach; er glaubte noch mit ganz wenigen, im Grunde doch nach ziemlich roher Uebersicht unterschiedenen Grundkräften anzukommen, er übersah bei weitem nicht die ganze Complication des Problems. Das empfand HERBART, in dieser Richtung hauptsächlich hat er die aristotelische Grundauffassung der Psychologie corrigirt; doch nur um sie in der Verbesserung desto reiner zur Geltung zu bringen. Das ist die eigentliche Bedeutung seines Feldzugs wider die „Vermögen". Der Streit wider die blossen Möglichkeiten, ihr unsicheres Schweben zwischen Sein und Nichtsein, ist mindestens secundär; er trifft ernstlich weder ARISTOTELES noch etwa DESCARTES oder LEIBNIZ, allenfalls die Neoscholastik WOLF's und seiner Schule. Dass man Vermögen nur annehme, um gewisse charakteristische Thätigkeiten oder Functionen zu unterscheiden, an dieser Besinnung hat es keinem der Vorgenannten gefehlt. Dagegen die eigentlich aristotelische Grundauffassung des Bewusstseins als Energie hat kaum ein Andrer so entschieden wie gerade HERBART als das Palladium der Psychologie behauptet; und es scheint, dass er dadurch am meisten auf die Psychologie, weit über die Grenzen der herbartischen Schule hinaus, gewirkt hat. Das ist jetzt so ziemlich der allgemeine Standpunkt in der Psychologie; und so scheint es nicht überflüssig, von neuem auf Grund der bereits erreichten Feststellungen zu untersuchen, was denn eigentlich dazu berechtigt, von Bewusstseinsthätigkeiten, vom Bewusstsein als Thätigkeit zu sprechen; nämlich welches Recht uns dazu die Phänomene des Bewusstseins geben.

3. Das scheinbare Recht dieser Vorstellungsweise beruht, wie schon angedeutet, auf der thatsächlichen Bedeutung der Succession im Bewusstsein, die wir damit ausdrückten, dass aller Verbindung der Inhalte im Bewusstsein die Zeit als ursprünglichste Form der Verbindung zu Grunde liege.

Dass alles Bewusstsein in Form der Succession auftritt, ist ja wohl keinem Streite unterworfen; es ist Sache einer einfachen Beobachtung, dass wir nicht bloss Bewusstseinszustände überhaupt, sondern eine Succession von solchen in uns erleben; dass in ihrer Succession die Inhalte anders und anders erscheinen; und dass dieser Wechsel der Erscheinungen niemals stillsteht.

Aber ist darum nothwendig das Bewusstsein als ein successives Geschehen, ein continuirlicher Process der Veränderung aufzufassen? Diese Auffassung ginge über das Gegebene des Bewusstseins jedenfalls hinaus, möchte sie auch sonst etwa, nämlich als Theorie zur Erklärung des Gegebenen, sich rechtfertigen lassen. Gegeben ist nicht das Bewusstsein als Vorgang in der Zeit, sondern die Zeit als eine Form des Bewusstseins; die Succession ist im Bewusstsein, nicht das Bewusstsein in Succession gegeben. Das ist nicht eine blosse Veränderung der Sprache, sondern eine gänzliche Umkehrung in der Auffassung der Sache selbst. Dass aber nur diese Auffassung den unmittelbaren Befund des Bewusstseins zutreffend ausdrückt, dürfte klar sein. Wir finden unmittelbar die Zeit als Inhalt des Bewusstseins, richtiger als Grundform, in der aller Inhalt des Bewusstseins sich darstellt; nicht aber das Bewusstsein als in der Zeit geschehenden Process; dann müsste die Zeit voraus unabhängig gegeben sein, in die sich der Vorgang des Bewusstseins, gleich andern Vorgängen, erst hineinordnete. Der letzteren Vorstellung nachzugeben, mag sehr naheliegen, aber sie übersieht ganz die Ursprünglichkeit des Bewusstseins, sie verkennt die specifische Bedeutung desselben, nach der es nicht eine Erscheinung (neben andern), sondern das Erscheinen selbst ausdrückt.

Hat man einmal das Bewusstsein als Vorgang in der Zeit, als Process aufgefasst, so ist es ganz unvermeidlich, diesem Vorgang auch ein Subject zu Grunde zu legen, welches die successiv auftretenden Erscheinungen an sich als Veränderungen seines Zustands erlebe; ferner aber auch diesem Subject irgendeinen Antheil an der Verursachung dieser Erscheinungen zuzuweisen. Viele Psychologen scheinen denn auch diese Annahmen nicht etwa für unvermeidliche Hypothesen, sondern geradezu für unmittelbare Data anzusehen; man spricht vielfach von „Thätigkeiten" des Bewusstseins, nicht in der Meinung, eine Hypothese aufzustellen, sondern das unmittelbar Gegebene zu bezeichnen. Es sollte aber doch klar sein, dass „Thätigkeit" Verursachung und ein Subject derselben einschliesst, Ursache aber und ihr Subject in keinem Falle etwas Gegebenes ist. Von Actionen erleben wir nichts, weder ausser noch in uns; weder von einer Action der Vorstellungen gegeneinander, noch von einer Action des Ich.

So sehr wir dies als selbstverständlich betrachten, so scheint es doch nicht überflüssig, es für die hauptsächlich in Frage kommenden Fälle besonders zu beweisen, und dadurch zugleich unsere abweichende Auffassung etwas näher zu erläutern. Es handelt sich

1) um den Eintritt, das längere oder kürzere, überhaupt irgendeine Zeit dauernde Verbleiben eines und desselben Inhalts im Bewusstsein, den Austritt, und eventuell die Wiederkehr des entschwundenen Inhalts;

2) um den Wechsel der Beschaffenheit; nach hergebrachter Eintheilung a) das qualitative Anderswerden der Inhalte (namentlich im Falle des stetigen Ueberganges durch alle unterscheidbaren Zwischenstufen, z. B. von einer Farbe zur andern, von einem Ton zum andern), b) den Intensitätswechsel, das Crescendo und Diminuendo der Empfindungen und Gefühle;

3) um die Entstehung bezw. Aufhebung von Verbindungen, sofern sie als successives Geschehen sich in uns beobachten lässt, nicht plötzlich oder unvermittelt da ist.

Es wird also behauptet, dass wir in allen diesen Fällen wohl eine Succession von Inhalten, nicht aber eine sie successiv, sei es producirende oder wenigstens verändernde oder zusammen- bzw. auseinanderbringende Thätigkeit des Bewusstseins erleben.

4. Ein Inhalt tritt auf, verharrt eine Weile im Bewusstsein, verschwindet, kehrt wieder; d. h. er ist eine kürzere oder längere Zeit da, ist nicht mehr da, ist wiederum da. Von einer ihn aus dem Nichts oder dem Unbewussten hervorrufenden, desgl. im Bewusstsein festhaltenden oder daraus verdrängenden, fernhaltenden, desgl. den entschwundenen zurückholenden Thätigkeit erleben wir nichts. Das sind naheliegende Metaphern — aber Metaphern.

Ein Inhalt zeigt successiv ein anderes und anderes Aussehen, er erscheint anders und anders, sei es der Qualität nach, oder auch intensiv lebendiger, deutlicher, stärker, gleichsam gegenwärtiger, oder weniger lebendig etc. Auch das ist ein blosses Nacheinander von Erscheinungen; von einer den Inhalt umgestaltenden, oder steigernden, schwächenden Bewusstseinsthätigkeit, einem Zufluss oder Abgang von Kraft, den er erführe, erleben wir nichts.

Sogar darf man fragen', mit welchem Rechte wir überhaupt sagen, dass derselbe Inhalt eine Zeit lang geblieben oder wiedergekehrt oder anders geworden sei. Bei der Wiederkehr ganz entschwundener Inhalte pflegen wenigstens die besonneneren unter den Psychologen einzuräumen, dass man genau genommen bloss von inhaltlich gleichen, nicht von numerisch identischen Inhalten reden sollte. Auch beim nicht continuirlichen Qualitätswechsel wird vielleicht Jeder eher geneigt sein, zu sagen, es sei überhaupt ein anderer Inhalt an die Stelle des vorigen getreten, als, es habe derselbe Inhalt nur eine solche Veränderung erlitten, dass man ihn nicht wiedererkenne. Folgerecht aber wird man die Voraussetzung irgendeiner Selbständigkeit der Existenz, einer Subsistenzfähigkeit der Inhalte ganz fallen lassen. An sich ist jeder Inhalt jedes neuen Bewusstseinsmoments auch als neuer Inhalt zu betrachten, der nun einem früheren seiner Beschaffenheit nach gleich oder mehr oder weniger ähnlich sein mag und mit ihm zusammenhängt durch das Band der Erinnerung, d. h. (um auch hier jede Vorstellung einer verbindenden Kraft zu eliminiren), in der ursprünglichsten, unmittelbarsten Form der Verbindung, nämlich in der Zeit. An eine den Inhalt im Bewusstsein festhaltende Kraft, etwa auch eine Kraft des Inhalts selbst, sich im Bewusstsein zu behaupten, sind wir vielleicht zu denken geneigt, wo zwei Inhalte zugleich von merklich gleicher oder wenig merklich verschiedener Beschaffenheit sind und im ununterbrochenen zeitlichen Connex stehen; weniger schon, wo der Wechsel durch sehr merkliche Uebergänge geschieht; am wenigsten, wo auch die zeitliche Continuität unterbrochen ist und erst nach Verfluss einer gewissen Zeit der gleiche oder ein mehr oder weniger ähnlicher Inhalt wiederauftritt; schliesslich aber ist die Vorstellung von einer sozusagen personalen Identität der Inhalte in den ersteren Fällen ganz so wenig begründet wie im letzten. Das Bleiben oder Zurückkehren desselben Inhalts ist, wenn „derselbe" nicht etwa bloss heissen soll „ein gleicher", bereits eine Annahme, die über den gegebenen Thatbestand hinausgeht.

Das war HERBART's Grundvorstellung: dass „dieselben" Inhalte immer bleiben; dass sie im dunklen Untergrund des Bewusstseins fortexistiren, auch wenn sie die „Schwelle" zu überschreiten nicht die Kraft haben; dass sie mit Kräften der „Selbsterhaltung" versehen seien, vermöge deren sie sich im Verein miteinander bald hemmen, bald unterstützen, verdrängen oder im Dasein erhalten; dass sie im Verhältniss ihrer Kräfte im Bewusstsein steigen oder sinken u. s. f.; eine höchst consequent durchgeführte Theorie, die für einen Ausdruck des unmittelbaren Thatbestands auszugeben ihm gar nicht einfallen konnte; denn das konnte einem so guten Beobachter doch nicht entgehen, dass von dem allen nichts im unmittelbaren Bewusstsein gegeben ist. Heute ist man im allgemeinen geneigter, die Vorstellungen ihre Kräfte gleichsam erst beziehen zu lassen aus einem gemeinschaftlichen Kraftfonds des Bewusstseins. Der mechanische Vergleich der Erhaltung der Gesammtkraft (Energie) in einem System bietet sich naheliegend an; selbst zu dem Unterschied zwischen lebendigen und Spannkräften fehlt es nicht an einem Analogon; man kennt ja längst die latenten Vorstellungen. Wir sehen hier noch ganz von der Frage ab, was alle solche Annahmen etwa als Theorie leisten; wir betonen für jetzt nur, dass es Annahmen sind, theoretische Voraussetzungen, Deutungen, nicht reine Wiedergaben des Thatbestandes; was denn bei einiger Besinnung wohl Jeder einräumen wird.

Kaum ist es nöthig, die Betrachtung noch besonders für solche Verbindungen durchzuführen, welche ganz so wie die Einzelinhalte in der Zeit veränderlich sind. Dieselben verhalten sich in jeder Beziehung ebenso wie die Einzelinhalte: sie treten auf, erhalten sich eine Zeitlang mehr oder weniger unverändert, erleiden gewisse Modificationen, vergehen, kehren in ähnlicher Gestalt wieder; und das nicht einmal, sondern sozusagen gewohnheitsmässig, als wäre die Verbindung nicht bloss für einmal, sondern ein für allemal geschlossen worden. Solche Vorstellungscomplexe (insbesondere die Wahrnehmungen und Vorstellungen existenter Dinge) treten uns fast wie selbständige Wesen gegenüber, die in unserem Bewusstsein sich wie in einem gegebenen Raume versammeln, wieder auseinandergehen, zurückkehren. Doch wird auch hier die Frage sich wieder einstellen: was uns eigentlich berechtige von einem Nacheinander sich gleichbleibender oder wenig merklich sich verändernder Inhalte zu reden als vom Beharren derselben Inhalte, die durch eine gewisse Kraft der Selbsterhaltung im Dasein verharrten, bis sie durch eine der ihrigen entgegenwirkende Kraft verdrängt würden? Das alles ist Deutung; wir erleben nicht Subsistenz, nicht eine Kraft der Beharrung, sondern erleben nur eine Succession von Inhalten, die einander mehr oder weniger gleichen.

5. Endlich muss man sich klar darüber sein, dass bereits jede Auffassung einer Succession von Inhalten als ein Vorgang, jede Zusammenfassung einer Mehrheit von Bewusstseinsacten, die wir durch die Zeit unterscheiden, in die Vorstellung eines einheitlichen Processes eine O b j e c t i v i r u n g des Bewusstseins einschliesst; und doch sollte das Bewusstsein vielmehr das letzte Subjective sein, das aller Objectivirung vorausliegt.

Davon wird man sich am sichersten überzeugen, indem man sich besinnt, dass die Einheit eines Vorgangs in keinem Falle etwas schlechthin Gegebenes ist, sondern nur unter ganz bestimmten Bedingungen behauptet werden darf. Forscht man nach, was denn in der Vorstellung der äusseren Natur die Einheit eines Vorgangs constituirt, so findet man, dass sie niemals auf der unmittelbaren Erscheinung allein beruht; sondern, damit etwas „objectiv" in der Natur selbst ein Vorgang sei, dazu wird erfordert, erstens, dass das Subject des Naturvorgangs (das Bewegliche) dasselbe geblieben sei, nicht etwa unvermerkt mit einem andern sich vertauscht habe; und zweitens, dass auch die Ursache, dass wenigstens ein bestimmtes verursachendes Moment dasselbe geblieben sei. Also nicht das Phänomen als solches, sondern dessen Auffassung unter diesen Gesichtspunkten (Einheitsfunctionen) des Denkens, Substantialität und Causalität, bestimmt die Einheit des Vorgangs. Dass aber Substanz und Causalität nicht Data, sondern theoretische Voraussetzungen sind, die auf Erklärung der Gegebenen zielen, sollte keines Wortes bedürfen.

Und so muss man auch in der Psychologie sich bewusst sein, dass jede Behauptung irgendwelcher Einheit eines Bewusstseinsprocesses stillschweigend die Voraussetzung der Einheit des Subjects wie der Ursache einschliesst. HERBART betrachtete deswegen, ganz folgerecht, die Inhalte selbst (unter dem Namen der „Vorstellungen") wie beharrliche Existenzen, begabt mit Kräften der Selbsterhaltung. Wer das für gewagte Metaphysik hält, muss sich klar darüber werden, ob er nicht eine ebenso gewagte Metaphysik treibt, sobald er nur irgendein Nacheinander von Inhalten als Beharrung derselben Inhalte auffasst, die nur etwa in einzelnen Bestimmungen gewisse Modificationen erfahren hätten. Vielmehr muss, vor aller Theorie, der Inhalt jedes einzelnen Bewusstseinsacts auch als neuer Inhalt angesehen werden. Man braucht nicht zu besorgen, dass dadurch das Bewusstsein in isolirte Momente, gleichsam in Atome zerfällt werde. Wird geleugnet, dass der durch Erinnerung vergegenwärtigte Inhalt mit dem früher gegenwärtig gewesenen numerisch derselbe sei, so wird darum nicht die Thatsache der Erinnerung selbst geleugnet, d. h. die Thatsache, dass ein jetzt gegenwärtiger Inhalt einen früher gegenwärtig gewesenen bedeuten, repräsentiren, oder mit ihm identisch gesetzt werden kann. Diese Repräsentation des Nicht-Jetzt im Jetzt, diese Identification des Nichtidentischen ist gewiss wunderbar, aber sie wird auch um nichts begreiflicher durch die Annahme, dass dieselben Inhalte geblieben seien; es wäre damit doch nicht erklärt, dass sie für unser Bewusstsein dieselben, uns als identisch bewusst wären. Jedenfalls ist dies Wunder Thatsache, und in dieser Thatsache des Zeitbewusstseins ist die vermisste Continuität des Bewusstseins, in dem Sinne, in welchem sie überhaupt mit Recht behauptet wird, zur Genüge gesichert. Das eben ist die unvergleichliche Eigenthümlichkeit des Zeitbewusstseins, dass eine Mehrheit durch die Zeit unterschiedener Momente des Bewusstseins dennoch in einem Bewusstsein vereinigt ist. Was als vergangen vorgestellt wird, muss doch, als vorgestellt, dem Bewusstsein gegenwärtig sein. Vielleicht findet man, dass dasselbe Wunder in jeder bewussten Unterscheidung liegt; A und B unterscheiden, heisst doch, von Jedem ein gesondertes Bewusstsein haben; und doch muss ich, um sie zu unterscheiden, auch wiederum beide in einem Bewusstsein zusammen haben. Wie aber verschiedenes Bewusstsein dennoch ein Bewusstsein sein könne, das eben ist das Wunder, d. h. es ist die unvergleichliche Eigenthümlichkeit des Bewusstseins, die im Grunde in jeder Verbindung einer Mehrheit von Inhalten zu einem Bewusstsein liegt. Es ist schon in der Absicht verfehlt, diese ursprünglichste Eigenheit des Bewusstseins ableiten oder erklären zu wollen; die Erklärung muss nothwendig im Cirkel laufen, da alle begrifflichen Handhaben der Erklärung nur Functionen dieser „Einheit" des Bewusstseins sind und also sie voraussetzen.

6. Nur soweit scheint es nothwendig, den Gegenstand hier zu verfolgen; denn es kam bisher nur darauf an, die Auffassung des unmittelbaren Thatbestandes möglichst frei zu erhalten von jeder voreiligen Einmischung der Theorie. Erst jetzt wird sich die Frage erheben, ob überhaupt, und in welcher näheren Gestalt etwa, eine Theorie der psychischen Erscheinungen erreichbar ist. Unsere Erwartungen in dieser Beziehung können freilich von vornherein keine sehr günstigen sein; nicht so sehr, weil man über die Theorie der psychischen Phänomene sich bisher so wenig, auch nur im allgemeinen, hat vereinigen können, als, weil unsere bisherigen Betrachtungen uns wieder und wieder darauf hingeführt haben, dass das Bewusstsein, als Ausdruck der letzten **Subjectivität** des Erscheinens, an sich gar keiner **Objectivirung** fähig ist; auf Objectivirung aber zielt alle Erklärung oder Theorie. Jedenfalls haben wir durch die bisherige Untersuchung soviel gewonnen, dass wir vorsichtig damit geworden sind, eine noch so naheliegend sich anbietende Theorie als durch den Thatbestand ohne weiteres gefordert zu betrachten.

II. Die Methode der Psychologie.

§ 8.

Bildet den Gegenstand der Psychologie die Erscheinung, bloss sofern sie im Bewusstsein ist, oder das Subjective der Erscheinung, vor aller Objectivirung, so ergibt sich unmittelbar, dass ihre Methode grundverschieden sein muss von allem solchen wissenschaftlichen Verfahren, welches auf die Objectivirung der Erscheinungen zielt; mithin von dem Verfahren der Naturwissenschaft.

Hat man gleichwohl Psychologie nach naturwissenschaftlicher Methode zu begründen unternommen, so ging man von der Voraussetzung aus, dass die psychischen Erscheinungen als ein gesondertes Gebiet von Phänomenen neben den Phänomenen der äusseren Natur ständen, folglich auch einer analogen Erklärung aus einem Zusammenhange von Gesetzen, wie die letzteren, bedürftig und wohl auch fähig seien. Dass diese Voraussetzung irrig sei, ergibt sich leicht aus der Erwägung, dass Alles, was am Bewusstsein eigentlich erscheint, alle Besonderheit der Inhalte und ihrer Verbindung, als erscheinend, zugleich Gegenstand der Erklärung für die objective Wissenschaft sein muss. Es gibt demnach nicht zwei gesonderte Gebiete zu erklärender Erscheinungen; sondern alle Erscheinung ist nothwendig einerseits Erscheinung für ein Bewusstsein, und wird nicht minder nothwendig andrerseits als Erscheinung des Gegenstands angesehen, d. h. als zu erklärendes, zugleich beweisendes Moment auf den einheitlichen Zusammenhang des objectiven Geschehens bezogen, wie ihn die wissenschaftliche Theorie auf der Basis der Erscheinungen durch das Instrument des Gesetzes construirt. Und zwar ist die Erscheinung darum nicht in sich selbst doppelgestaltig, noch lässt sich irgendein inhaltlicher Unterschied an ihr aufzeigen, hinsichtlich dessen sie einmal als Bewusstseinserscheinung, ein andermal als Erscheinung des Gegenstands betrachtet würde, sondern es ist in jeder Hinsicht, numerisch und inhaltlich, dieselbe Erscheinung, welche zugleich in subjectiver, psychologischer Hinsicht als ein Moment des Bewusstseins erwogen, und in objectiv-wissenschaftlicher Betrachtung auf den in ihr erscheinenden Gegenstand bezogen wird.

1. Unsere Untersuchung hat herausgestellt, dass die Erscheinung als solche, d. h. sofern sie im Bewusstsein ist, oder das Subjective der Erscheinung, vor aller Objectivirung, den eigenthümlichen Gegenstand psychologischer Untersuchung bilden müsse.

Daraus lässt sich unmittelbar ein, wenngleich bloss negatives Resultat hinsichtlich der Methode der Psychologie ableiten; dass sie nämlich von aller Verfahrungsweise objectivirender Wissenschaft radical verschieden sein muss. Alles wissenschaftliche Verfahren zielt aber doch sonst auf nichts Anderes als die Objectivirung der Erscheinungen, welches Ziel ein der Psychologie vollständig fremdes ist, wie wir behaupten. Daher wird die psychologische Methode eine durchaus eigenartige sein müssen.

Das Bewusstsein davon scheint aber der Psychologie bisher fast durchaus abzugehen, da man sie fortwährend bemüht sieht, sich zur Wissenschaft dadurch zu gestalten, dass sie das Verfahren der Naturwissenschaft nachahmt und auf ihr eigenthümliches Object, mit solchen Modificationen, wie eben die Eigenthümlichkeit dieses Objectes sie vorschreibt, anwendet. Sie hat sich dadurch in einen niemals zu schlichtenden Grenzstreit mit der Naturwissenschaft verwickelt, der schon längst darauf hätte aufmerksam machen müssen, dass in den ersten methodischen Voraussetzungen ein Fehler verborgen lag; aber man hat sich dadurch nicht warnen lassen, vielmehr in jene Voraussetzung sich mit seinem ganzen Denken so hineingewöhnt, dass der Zweifel daran für eine beinahe unerhörte Paradoxie gilt.

Mit Rücksicht auf diese thatsächliche Lage scheint eine ausführlichere Erörterung nicht entbehrlich.

Die herrschende Meinung geht offenbar von dem aus, was auch wir anerkannt haben: dass die Phänomene des Bewusstseins, durch eben dieses sie auszeichnende Moment der Bewusstheit, radical unterschieden seien von den Thatsachen der äusseren Natur. Dabei fährt man jedoch fort sie für Phänomene in gleichem Sinne wie die Phänomene der Naturwissenschaft zu halten, und glaubt daher auch, sie als Problem und factische Grundlage für eine eigene, der Naturwissenschaft analoge, zugleich mit ihr engverknüpfte Theorie betrachten zu müssen. Daneben hat sich zwar — vielleicht bloss als Reminiscenz eines metaphysischen Monismus wie des spinozischen — ein gewisses dunkles Gerücht davon erhalten, dass das „Physische" und „Psychische" doch in irgendeiner unsagbaren letzten Einheit zusammenhingen; da aber diese Einheit vorläufig unbekannt, vielleicht gar für immer unserer Erkenntniss entzogen sei, die Erscheinungen aber unbestritten specifisch verschiedene sind, so habe man für jetzt, so meint man, vielleicht aber für immer, die beiden Gebiete der Erscheinung in gesonderte Untersuchung zu ziehen; höchstens am Ende der Rechnung (gesetzt, es gäbe eins) könnte man hoffen, von den verschiedenen Ausgangspunkten und auf den verschiedenen Wegen der Forschung doch in einem und demselben Ziele zusammenzutreffen.

2. Indessen kann man sich leicht überzeugen, dass thatsächlich gar nicht zwei gesonderte Gebiete von Erscheinungen gegeben sind; dass, wenn zwischen Erscheinungen des Bewusstseins und solchen, wobei von aller Bewusstheit abstrahirt wird, ein Unterschied allerdings anzuerkennen, es eben ein Unterschied blosser Abstraction ist.

Es unterliegt wohl keinem Zweifel, dass es möglich ist, den Inhalt einer einfachen Sinnesempfindung, z. B. eine Farbe, einen Ton, als auch an sich gegeben zu betrachten, d. h. von der Beziehung auf ein Bewusstsein in seiner Betrachtung zu abstrahiren. Thatsächlich sieht ein Jeder, abgesehen von wissenschaftlicher Reflexion, Farben und Töne für Existenzen (oder Momente am Existirenden) an, die nicht durchaus am Bewusstsein haften, sondern auch, und zwar zuerst, für sich da sind und nur hinterher auch wahrgenommen werden können. Allein der Inhalt dieser Vorstellungen ist doch in beiden Betrachtungsarten ganz derselbe; der Unterschied liegt allein in der, im einen Falle hinzukommenden, im andern fehlenden, weil absichtlich weggedachte Beziehung auf das Ich. Ebenso aber verhält es sich mit jeder beliebigen Erscheinung irgendeines Gegenstands; der Inhalt, den ich im Bewusstsein habe, zeigt nicht sozusagen ein doppeltes Gesicht, je nachdem ich ihn von Seiten des Bewusstseins oder eines vom Bewusstsein unabhängig gedachten gegenständlichen Daseins erwäge, sondern es bleibt genau derselbe Inhalt der Vorstellung, den ich nur in dieser doppelten Rücksicht betrachte.

Aber wir unterscheiden doch den Gegenstand selbst von seiner Erscheinung im Bewusstsein, und wenigstens wissenschaftlich ist nie das unmittelbar Erscheinende als solches auch gleich von gegenständlicher Bedeutung; den ausgezeichneten Werth der Objectivität ertheilt vielmehr die Wissenschaft nur ganz bestimmten Vorstellungen, und in der Regel nicht denen, die uns subjectiv die unmittelbarsten sind. Erst sozusagen ein Sublimat der Erscheinung, erst die durch die ganze ungeheure Arbeitsleistung der Wissenschaft herauszustellende Gesetzesordnung des Geschehens bedeutet für sie, im strengsten Sinne, der Gegenstand.

Ohne Zweifel; allein einerseits wird die neue „Verbindung", in welcher die Wissenschaft die Phänomene verknüpft, doch schliesslich auch im Bewusstsein vollzogen; es ist also der „Gegenstand" der Wissenschaft doch zugleich auch psychisch; und andrerseits wird das unmittelbare Phänomen des Bewusstseins durch die objectivirende Leistung der Wissenschaft keineswegs annullirt, es steht nicht gänzlich ausserhalb des Zusammenhanges des objectiven Geschehens, soll vielmehr in denselben, an seiner gehörigen Stelle, eingeordnet werden. Die Erscheinung bildet den Ausgang und bildet fortwährend die Grundlage, welche den Gedankenbau der Objectivität trägt; sowie sie in anderem Sinne freilich durch sie „begründet", fundamentirt wird. Die Erscheinung liefert die letzte Beweisinstanz für die Richtigkeit einer jeden theoretischen Aufstellung; an ihr hat die Festigkeit einer jeden wissenschaftlichen Construction sich zu bewähren. Die Theorie muss, wie die Alten sagten, τὰ φαινόμενα σώζειν, apparentias salvare; d. h. es darf durch die theoretische Begründung die Erscheinung keinesfalls überhaupt negirt werden, sie muss durch dieselbe vielmehr aufrecht erhalten bleiben, es muss die Nothwendigkeit dieser Erscheinung aus den Voraussetzungen der Theorie erhellen, oder die Erscheinung verständlich werden, indem sie als Fall des Gesetzes erkannt wird. Thatsächlich spricht denn auch die Wissenschaft keiner Erscheinung diese Wirklichkeit, als Erscheinung, ab. Farbe ist nicht objectiv vorhanden; aber dass Farbe erscheint, ist unter diesen bestimmten, objectiv gegebenen Bedingungen nothwendig, ist in der objectiven Nothwendigkeit der Gesetze (der physikalischen und physiologischen Optik) begründet. Würde jemals aus der zu Grunde gelegten Vorstellung der Objectivität die Erscheinung nicht, und zwar mit objectiver Nothwendigkeit, folgen, so wäre nicht die Erscheinung zu negiren, sondern die Theorie zu verwerfen. Auch nicht mit dem Subjectivsten des Bewusstseins, mit Gefühl und Begehrung, verhält es sich wesentlich anders. Auch diese deutet doch der Naturforscher auf objective Vorgänge oder Zustände des Nervensystems. Auch sie also haben für ihn die Bedeutung von Zeichen, von Indicien eines objectiven Verhalts, den er zu erforschen hat; auch sie sind ihm Erscheinungen des Gegenstands, nicht ausschliesslich des Bewusstseins. Und so ist überhaupt Alles, was nur als Erscheinung im Bewusstsein auftreten mag, ebensowohl Phänomen für die objective Wissenschaft; alle Erscheinung ist nothwendig Erscheinung des Gegenstands, wie ihn die theoretische Wissenschaft, auf der Basis der Erscheinungen, durch das Instrument des Gesetzes, construirt. Eine Erscheinung, die nicht als zu erklärendes, mithin auch beweisendes Moment zum objectiven Zusammenhange des Geschehens gehörte und auf ihn zu beziehen wäre, gibt es so wenig, wie es eine Erscheinung gibt, die nicht Erscheinung für ein Bewusstsein wäre.

3. Und zwar ist darum nicht etwa eine jede Erscheinung wie aus zwei Erscheinungen zusammengesetzt, noch lässt sich irgendein Unterschied des Inhalts angeben, hinsichtlich dessen sie einmal als Bewusstseinserscheinung, das andre Mal als Erscheinung des Gegenstandes aufzufassen wäre, sondern es ist überhaupt in jeder Beziehung, inhaltlich und numerisch, dieselbe Erscheinung, welche in dieser doppelten Rücksicht von uns erwogen wird.

Obwohl dies schon unmittelbar einleuchten dürfte, soll es doch für einige wichtigere Fälle besonders gezeigt werden.

Am ersichtlichsten ist das fragliche Verhalten an den directen Sinneswahrnehmungen, deren Eigenthümlichkeit eben in einem so unmittelbaren Gegenwärtig-haben des Objects vor dem Bewusstsein besteht, dass hier Object und Bewusstseinsinhalt völlig in Eins zusammenzufallen scheint. Kein naiver Mensch glaubt überhaupt etwas Andres zu sehen und zu greifen, als die wirklichen, objectiv vorhandenen Dinge; und richtig verstanden gibt die Wissenschaft diesem naiven Vertrauen in die Realität unserer Wahrnehmungen vollständig Recht, indem sie erweist, dass die Dinge genau so, wie, und in eben den räumlichen und zeitlichen Verhältnissen, in denen wir sie wahrnehmen, zufolge ihrer eignen Beschaffenheit und ihrer Stellung zu uns erscheinen müssen, gemäss den Gesetzen der Natur, der der Objecte wie unserer eigenen, d. h. gemäss der Einrichtung unserer Organe und den jedesmaligen Bedingungen ihres Functionirens.

Nicht anders aber verhält es sich mit den Vorstellungen der Phantasie. Dieselben sind eigentlich nichts als Wahrnehmungen, nur unter veränderten äusseren Bedingungen. Sie sind den Wahrnehmungen dem Inhalt nach überhaupt gleichartig; man pflegt zwar HUME nachzusprechen, dass sie durchgängig schwächer seien; aber weder würde dies einen specifischen Unterschied begründen, denn auch schwache Wahrnehmungen sind Wahrnehmungen; noch lässt sich der Unterschied als ein durchgängiger behaupten; nicht nur die Hallucination erreicht die Stärke der gewöhnlichen Wahrnehmung, auch die normale Gehörsvorstellung z. B. gibt an Stärke, wie mir scheint, der Wahrnehmung oft kaum etwas nach. Ein durchgreifender Unterschied könnte höchstens in den äusseren Bedingungen liegen; auch diese übrigens müssen zum mindesten analoge sein: Erregungen des Centralorgans von im allgemeinen ähnlicher Form, im einen Falle etwa durch peripherische, im anderen durch centrale Reizung verursacht. Daher ist die Vorstellung der Phantasie, soweit sie überhaupt noch den Charakter des Sinnlichen trägt, der Sinneswahrnehmung völlig gleichzustellen, und wie diese, wenngleich in etwas modificirter Weise, auf die Objectivität zu beziehen. Auch mit dem sinnlichen Gefühl und Begehren aber, dem directen wie dem reproducirten, verhält es sich in keiner Weise anders; im Verhältniss zum Object ist es (wie das Beiwort „sinnlich" schon verräth) eigentlich Wahrnehmung, oder ein Moment an der Wahrnehmung, mag es immerhin für das subjective Bewusstsein noch eine andere Bedeutung haben.

Nur mit demjenigen am Bewusstsein, was über das Sinnliche

hinausgeht: dem Denken und allem davon Abhängigen, scheint es zunächst sich anders zu verhalten. Zwar werden besonnene Psychologen wohl einräumen, dass es dem Denken nie an einer sinnlichen Grundlage fehlt, hinsichtlich deren es der objectivirenden Betrachtung auch unterliegen wird. Allein eben das specifisch neue Moment, die gleichsam übergreifende Einheit des Bewusstseins, in der eine Mannigfaltigkeit etwa durch die Zeit unterschiedener Inhalte zusammengefasst wird, scheint aller Einordnung in einen objectiven Zusammenhang zu spotten und dem Bewusstsein ganz ausschliesslich zuzukommen.

Dies ist nun wohl richtig und längst von uns eingeräumt. Indessen lässt sich ein sehr einfacher Grund dafür angeben, weshalb diese Eigenthümlichkeit des Bewusstseins für Naturwissenschaft so wenig wie für irgendeine andere Wissenschaft ein Gegenstand der Erklärung sein kann: sie erscheint überhaupt nicht; was aber gar nicht erscheint, kann auch nicht Gegenstand einer wissenschaftlichen Erklärung sein.

Sagt man: sie erscheine allerdings, nämlich in der Verbindung, in welcher, ihr zufolge, der Inhalt im Bewusstsein sich darstellt (vgl. § 5, 4); so antworten wir: sofern, und in eben dem Sinne, in welchem sie darin erscheint, ist sie nothwendig auch Gegenstand der Erklärung für die Naturwissenschaft.

Die Verbindung sei simultan oder successiv, so sind für das gleichzeitige Gegebensein der verbundenen Inhalte gleichzeitige, für das successive Auftreten successiv gegebene Bedingungen aufzuweisen; im letzteren Falle wohl auch noch besondere Bedingungen dafür, dass das vorhergehende Moment für das folgende nicht ganz verloren, sondern, als das folgende auftrat, in seiner Wirkung noch vorhanden war; das Vergangene muss eine „Spur" zurückgelassen haben, welche uns im Jetzt das Frühere „repräsentirt". Zwar werden scharfsinnige Psychologen ohne Mühe finden, dass dabei eben das unerklärt bleibt, was das Unterscheidende des Zeitbewusstseins eben ausmacht: dass ein jetzt Gegenwärtiges ein nicht jetzt Gegenwärtiges, sondern ehemals (sei es auch unmittelbar vorher) Dagewesenes bedeuten oder vertreten, „repräsentiren" soll. Allein es bedarf keiner Sehergabe, um vorauszusagen, dass auch keine Psychologie, sie mag es versuchen, wie sie wolle, das je erklären wird. Es lässt sich vom Zeitbewusstsein hinsichtlich des bezeichneten Momentes genau dasselbe sagen wie vom Bewusstsein überhaupt und von der Bewusstseinseinheit: es kann nicht erklärt werden, weil es überhaupt nicht erscheint. In der Zeit erscheint Alles, wie auch im Bewusstsein, aber die Zeit selbst ist keine Erscheinung.

Auf eine andere, nicht minder wichtige Seite der Sache sei hier nur hingedeutet. Nämlich, wenngleich die Einheit des Bewusstseins, das zeitliche, desgl. räumliche Vorstellen überhaupt und in seiner letzten Wurzel nicht Gegenstand der Erklärung für die objective Wissenschaft sein kann, so kommt es dagegen als Instrument, als Grundlage der Erklärung für sie nothwendig und grundwesentlich in Betracht. Der Raum, die Zeit, die verschiedenen begrifflichen Momente, wonach die Bewusstseinseinheit in Mathematik und Naturwissenschaft sich in der Objectivirung der Erscheinungen, in der Constituirung des Gegenstandes geltend macht: das eben ist die wissenschaftliche Vorstellung der Objectivität, oder es sind ihre constituirenden Momente. Es sind selbstverständlich zugleich Momente des Bewusstseins; aber, als Instrumente der Erklärung, als die inneren Gesetze der Theorie selbst, gehören sie der objectiven Wissenschaft an. Diese ganz anderartige Auflösung des Dualismus von Bewusstsein und Gegenstand hat uns hier nicht zu beschäftigen; für jetzt genügt es, festgestellt zu haben, dass Alles, was es am Bewusstsein überhaupt zu erklären gibt, jedenfalls ein Gegenstand der Erklärung für die objective Wissenschaft ist.

4. Die Tragweite dieses Resultats in Bezug auf unsere Aufgabe muss einleuchten. Wenn, was für die Wissenschaft Phänomen ist, sich völlig deckt mit dem, was für die Psychologie Phänomen ist; wenn, was an diesen gemeinschaftlichen Phänomenen zu erklären ist, von der objectiven Wissenschaft erklärt wird, deren ganzes Geschäft eben in dieser Erklärung besteht; was bleibt dann für die Psychologie überhaupt zu erklären übrig? Vermuthlich nichts; jedenfalls nichts, was sich für jetzt absehen liesse.

Nun sollte man denken, dass diese Folgerung sich längst Jedem aufgedrängt haben müsse, der über die Thatsache, aus der sie zwingend folgt, sich einmal klar geworden ist. Merkwürdigerweise aber ist diese Thatsache etwa seit DESCARTES in der Philosophie erkannt, während die Folgerung so gut wie unbekannt geblieben sein muss, da wir bis heute die Psychologen mit hartnäckiger Anstrengung bemüht sehen, Psychologie als selbständige und zwar erklärende, nicht bloss beschreibende Wissenschaft neben und nach Art der Naturwissenschaft neu und immer neu zu begründen. Eine geschichtliche Orientirung scheint daher hier wohl am Platze. Der Principienstreit des „Monismus" und „Dualismus", den wir aufzulösen im Begriff sind, ist eben nur aus seinen historischen Wurzeln zu verstehen; man kann mit Recht Auskunft darüber verlangen, wie wir zu diesem geschichtlichen Streit uns zu stellen gedenken.

§ 9.

Die nothwendige Zusammengehörigkeit der beiden an jeder Erscheinung zu unterscheidenden Beziehungen, zum Bewusstsein und zum Gegenstande, bezeichnen wir durch den Ausdruck der Correlativität von Bewusstsein und Gegenstand. Die Thatsache der Correlativität ist in der Geschichte der Philosophie wiederholt zu mehr oder minder klarem Ausdruck gekommen, ihre negative Consequenz hinsichtlich der Möglichkeit einer selbständigen Theorie der Bewusstseinserscheinungen dagegen mit Entschiedenheit allein durch KANT ausgesprochen worden.

1. Bei dem Ausdrucke des „Correlativität" wird man sich vielleicht zunächst an E. LAAS erinnert fühlen, der in seinem Hauptwerke „Idealismus und Positivismus" (Bd. I u. III; bes. I 179 f.) auf den Begriff und Terminus Gewicht legt, ohne damit übrigens eine neue Entdeckung aussprechen zu wollen. Die Adoption eines Ausdrucks schliesst indessen nicht die Nöthigung ein, den Begriff selbst durchaus im überkommenen Sinne festzuhalten; vielmehr, wo die bei der Prägung des Terminus leitend gewesene Vorstellung sich als correcturbedürftig herausstellt, wird eben damit die Bedeutung des Terminus eine Modification erfahren müssen. Man vermisst bei LAAS namentlich die Erinnerung daran: dass weder „Gegenstand" noch „Bewusstsein" unmittelbare Data oder Erscheinungen sind, sondern vielmehr Gesichtspunkte, unter denen gegebene Erscheinungen sich erwägen lassen; Einheiten der Beziehung, die anders als im beziehenden Denken gar nicht gegeben sind. Dadurch verändert sich in der That der ganze Sinn der

Correlativität. Es handelt sich für uns um die Zusammengehörigkeit zweier Beziehungen, nämlich für die Erkenntniss; um die jederzeit, bei jeder Erscheinung mögliche und nothwendige Verknüpfung zweier Betrachtungsarten dieser Erscheinung: ihre nothwendige Zugehörigkeit zum „Bewusstsein" einerseits, zum „Gegenstand" andrerseits. Jeder dieser Ausdrücke bedeutet eine Einheit der Betrachtung, worin sich diese Erscheinung mit anderen zusammenfassen lässt. Mag im letzten Grunde ebendies auch LAAS vorschweben, weder ist es ausdrücklich bemerkt, noch zeigt sich ein sicheres Bewusstsein davon in der Anwendung, die er von seinem Begriffe der Correlativität macht. So würden wir gleich nicht zugestehen können, dass die Thatsache der Correlativität, nach ihrer ernsten Bedeutung, von PROTAGORAS erkannt und zu einigermassen zutreffendem Ausdruck gebracht worden sei. PROTAGORAS redet erstlich bloss von Wahrnehmung (αἴσϑησις), und mag er immerhin diesem Ausdruck eine so unbestimmte Weite gegeben haben, dass man alles irgendwie im Bewusstsein Erscheinende dabei verstehen kann, so ist es doch kein zulänglicher Ausdruck der Correlativität von „Bewusstsein" und „Gegenstand", wenn der Sophist (oder vielmehr PLATON in bestimmterer Ausführung seiner Sätze) sagt, es sei kein Wahrnehmender ohne Wahrgenommenes, kein Wahrgenommenes ohne Wahrnehmenden, beide, Subject und Object des Wahrnehmens, seien durchaus aneinander gebunden (ἀλλήλοις συνδεδέσϑαι), sie stehen und fallen miteinander. Denn, soviel aus PLATON's Darstellung und bestimmter noch aus seiner Kritik der Ansicht des PROTAGORAS erhellt, war dieser wohl von nichts weiter als eben davon entfernt, einerseits die Mannigfaltigkeit der Wahrnehmungen in der Einheit des Bewusstseins, andererseits die Mannigfaltigkeit der Erscheinungen in der Einheit des Gegenstandes sich zusammenfassen zu lassen; sondern genau diese „Synthesis" war es, die er übersah, deren Unumgänglichkeit gegen ihn zu betonen PLATON Veranlassung fand. Ohne die Einheit des Bewusstseins, die Einheit des Gegenstands hat aber weder Bewusstsein noch Gegenstand noch folglich die Correlation beider einen bestimmten, wissenschaftlich fasslichen Sinn; wie denn Platon mit allem Recht gegen PROTAGORAS den Beweis führt, dass ohne diese Zusammenfassung zur Einheit weder τὶς noch τὶ, weder ein Subject noch ein Object, weder ein Wahrnehmender noch ein Wahrgenommenes ist.

Laas selbst geht in diesem Punkte übrigens weit über Protagoras hinaus, ohne freilich den ungeheuren Abstand sich zum Bewusstsein zu bringen. Auch ihm zwar löst zuletzt alles Bewusstsein sich in Wahrnehmung auf; alles Bewusstsein ist ihm wenigstens in seinem Ursprung Wahrnehmung, auch selbst das Objectivitätsbewusstsein; die Objectivität wird ihm constituirt durch „wirkliche" und „mögliche" Wahrnehmungen. Wie kann man denn übersehen, dass eben in der Zusammenfassung der „wirklichen" und „möglichen" Wahrnehmungen zur Einheit des Gegenstandes (durch die Einheit des Gesetzes — denn was anders bestimmt denn die „Möglichkeit"?) alles das liegt, was Protagoras übersehen, Platon gegen ihn geltend gemacht hat? Entsprechendes gilt natürlich von der Einheit des Bewusstseins. Wir würden unsrerseits vielleicht noch eher bei Platon als bei Protagoras die Correlativität von Bewusstsein und Gegenstand vorgebildet finden; doch ist dies durch die herkömmliche Auffassung seiner Lehre freilich sehr verdunkelt worden und es ist hier nicht der Ort, des näheren darauf einzugehen.

2. Ueberhaupt wurde die klare Erkenntniss der nothwendigen Wechselbeziehung von Bewusstsein und Gegenstand im Alterthum gehemmt durch den mangelnden Einblick in die specifische Natur der Bewusstheit. Bei Descartes, der die letztere zur Anerkennung brachte, finden wir denn auch sehr bestimmte Hinweise auf die Thatsache der Correlativität. Allbekanntlich stellt Descartes das Cogito, das alle Vorstellungen begleitende „Ich denke", die allem Bewusstsein, mithin auch aller Vorstellung der Gegenstände zu Grunde liegende Beziehung auf ein Ich, dessen Vorstellung es ist, als erste aller Thatsachen fest und behauptet ihre schlechthin ursprüngliche, jeder andern zu Grunde liegende, mithin überlegene Gewissheit. Für ebenso untrennbar von der Vorstellung als solcher gilt ihm aber, was oft übersehen worden ist, die Beziehung auf den Gegenstand. Zwar gilt ihm alle bestimmte Beziehung auf den Gegenstand, selbst nur durch Raum- und Zeitbestimmungen, als an sich bezweifelbar, d. h. der Begründung erst bedürftig; aber die Beziehung auf Etwas (Reales) als Gegenstand überhaupt ist ihm unbezweifelbar mit jeder Vorstellung gegeben. Es liegt in der Vorstellung als solcher und unmittelbar ganz ebenso nothwendig, dass sie Vorstellung von Etwas ist, dass sie den Gegenstand vorstellt (rem repraesentat), wie andrer-

seits, dass sie ein Inhalt des Bewusstseins ist. Einzig in jener Beziehung (auf den Gegenstand überhaupt) heisst eine Vorstellung wahr oder falsch; einzig diese Beziehung betrifft auch aller Zweifel, der selbst gegenstandslos würde, wofern er nicht diese Beziehung voraussetzte [1]. Uebrigens findet die Beziehung auf den Gegenstand nur in der „Idee" des Denkens statt; der Gegenstand im Unterschied von der Erscheinung ist, wie DESCARTES an Beispielen trefflich ausführt, nichts Anderes als das Eine, Identische, welches wir der Mannigfaltigkeit der Erscheinungen im Gedanken zu Grunde legen. Zwar betont DESCARTES stärker, dass auch der der Erscheinung ihr Object setzende Gedanke, eben als Gedanke, dem Bewusstsein zugehöre, als die Kehrseite davon: dass auch dies Ich doch nur Beziehungscentrum zu eben den Erscheinungen ist, die zugleich auf die objective Einheit des Gegenstandes zu beziehen sind; daher der Schein des Idealismus. Und andrerseits nähert sich seine Ansicht einem die Correlativität geradezu aufhebenden Dualismus, wenn er Seele und Körper, Denkendes und Ausgedehntes, als Substanzen, d. h. Existenzen, die für sich Bestand haben, unterscheidet. Uebrigens stützt DESCARTES diese „reale Distinction" thatsächlich nur auf die Distinction der Attribute, d. h. auf den specifischen Unterschied des Denkens oder Bewusstseins von allem gegenständlich Vorgestellten, mithin vom Körper; und der Begriff der „Substanz" ist ihm dabei nichts mehr als der Verstandesbegriff von der **Einheit der Beziehung der Erscheinungen** einerseits auf das denkende Ich, andererseits auf den Körper als gedachten Gegenstand. Die Substantialität des Ich bedeutet ihm, dass ich allen Inhalt meines Bewusstseins in ausschliesslicher Beziehung auf mein Ich denken und in diesem Gedanken von aller Beziehung auf den Gegenstand abstrahiren kann und muss; die Substantialität des Körpers, dass ich umgekehrt alle Erscheinung in Beziehung auf den Körper als darin erscheinenden Gegenstand betrachten und in dieser Betrachtung wiederum von aller Beziehung auf mein Ich abstrahiren kann und muss. Diese und jene Beziehung sind im Begriff und Wesen von einander verschieden und unabhängig, obwohl thatsächlich stets

---

[1] Man findet dies näher ausgeführt in des Verf. Schrift „Descartes' Erkenntnisstheorie", Kap. III, bes. Anm. 6.

miteinander gegeben[1]. Somit ist durch die Unterscheidung der beiden Substanzen der Grundgedanke der Correlativität zwar einigermassen verdunkelt, aber nicht überhaupt verlassen worden.

3. Dies zeigt sich deutlicher in der Folge, zuerst bei SPINOZA, in dessen Vorstellung von den beiden zwar specifisch unterschiedenen, aber genau und nothwendig auf einander bezogenen, sich wechselseitig „ausdrückenden" Attributen der einen Substanz man ohne Mühe eine neue Einkleidung desselben Grundgedankens erkennt. Diese Formel von der Einheit der Substanz bei der Verschiedenheit der Erscheinungsweise erfreut sich bis heute einer gewissen Beliebtheit; obwohl man gestehen muss, dass die Formulirung an und für sich keine glückliche ist; denn wie können zwei toto genere verschiedene Attribute dennoch auf eine Substanz bezogen werden? Was unterscheidet Substanzen, wenn nicht das wesentliche Attribut? Doch erkennt man bei näherer Prüfung bald, was gemeint ist. Die Einheit der Substanz bedeutet die des Gesetzes. Es ist eine und dieselbe Gesetzlichkeit des Geschehens, nicht deren zwei, welche, unter dem Attribut der Ausdehnung aufgefasst, als körperlicher Mechanismus sich darstellt, und die zugleich, unter dem Attribut des Denkens aufgefasst, Bewusstseinserscheinung ist. Aus gleicher und einheitlicher gesetzlicher Nothwendigkeit erfolgen die Veränderungen in der Körperwelt und der Wechsel der Vorstellungen in uns. Die „Ordnung und Verknüpfung" der Ideen ist eine und dieselbe mit der „Ordnung und Verknüpfung" der Sachen; d. h. dieselbe, nur einmal vorhandene Ordnung und Verknüpfung des Geschehens, die wir „Natur" nennen, ist in dieser Doppelgestalt gegeben; einmal als ausser uns und an sich bestehend; als solche wird sie nothwendig körperlich und mechanisch vorgestellt; andrerseits als im Denken bestehend, denn denken müssen wir sie doch, sonst wüssten wir nichts von ihr. Jede dieser Betrachtungsarten ist in sich vollkommen wahr und von der andern scharf und vollständig geschieden; gleichwohl drückt keine von beiden allein, sondern erst beide im Verein das Wesen der Sache aus. In dieser Grundvorstellung weicht SPINOZA nicht so weit von DESCARTES ab, als es die der cartesianischen ausdrücklich entgegengesetzte For-

---

[1] Vgl. Descartes' Erkenntnisstheorie Kap. III, 2.

mulirung zunächst erkennen lässt; wie besonders dann klar wird, wenn man SPINOZA nicht direct mit DESCARTES, sondern mit MALEBRANCHE vergleicht, der doch nur DESCARTES' Ansicht consequent weiterbilden will.

Aber auch LEIBNIZ steht derselben Grundvorstellung sehr nahe. Man muss ja wohl die „prästabilirte Harmonie" nicht so grob verstehen, als ob zwei an sich einander fremde, getrennte Substanzen auf höheres Geheiss, durch die von Gott zuvorverordnete Verknüpfung, in Wechselbeziehung gesetzt seien. Das Ausgedehnte ist ja überhaupt nicht Substanz, sondern eine blosse Erscheinungsweise, in der die Wechselwirkung der wahren, intensiven „Einheiten" sich darstellt. Zur „Einheit" der Substanz aber gelangte LEIBNIZ durch die Einheit des Gesetzes, die er zu erklären glaubte durch die Einheit des Bewusstseins oder ein Analogon derselben. So merkwürdig in dieser Synthese richtige Ahnungen mit schwer begreiflichen Abirrungen sich begegnen, so erkennt man doch leicht den gesunden Kern der Ansicht darin: dass von der Erscheinung ausgegangen wird, in der Erscheinung aber Gedanken (in der Seele) und Bewegungen (im Körper) in zwei durch eine beständige Beziehung verknüpften Ordnungen des Geschehens einander parallel gehen und eigentlich, wie bei SPINOZA, nur zwei verschiedene Darstellungen einer und derselben Gesetzesordnung sind, in der alle Veränderungen des Universums unter sich zusammenhängen. Und wenn LEIBNIZ seine Ansicht denjenigen von DESCARTES und SPINOZA entgegenstellt, so erkennt er dagegen an, dass die Ansicht von MALEBRANCHE, richtig verstanden, der seinigen sehr nahe stehe.

4. Doch muss eingeräumt werden, dass die Thatsache der Correlation bei keinem dieser Philosophen zu reinem Ausdruck gekommen ist. Wenden wir uns zu den Sensualisten, so bemerkt man bei diesen, in der Neuzeit wie schon bei PROTAGORAS, eine vorherrschende Neigung, die Selbständigkeit der gegenständlichen Beziehung überhaupt zu leugnen. Die Einheit der Beziehung, welche den Gegenstand, aber auch diejenige, welche das Bewusstsein bedeutet, bleibt unerkannt, während wir bei den Rationalisten von DESCARTES ab über diesen Punkt völlige Klarheit finden. Der Sinn der Correlativität bleibt aber solange unverstanden, als man die Correlation zuerst und ursprünglich im Bewusstsein der einzelnen,

möglichst isolirten Wahrnehmung sucht. Es ist derselbe Grundirrthum, der im jüngeren Positivismus seinen präcisesten Ausdruck darin gefunden hat, dass im unmittelbaren Bewusstsein des „hier und jetzt Gegebenen" die alleinige und letzte Basis aller Erkenntniss, die absolute „Thatsache" enthalten sei. Es gibt kein Hier und Jetzt anders als in Unterscheidung vom Dort und Dann, Unterscheidung aber setzt Verknüpfung voraus, somit ist Verknüpfung das Erste, Ursprüngliche, die Isolirung (z. B. des Raum- und Zeitelements) erst Resultat der Abstraction. Die Meinung ist offenbar, die Verbindung aus dem Verbindungslosen zu erklären. Dieser verführende Schein muss überwunden werden; das Bewusstsein lässt sich nicht zusammensetzen; das Bewusstsein der successiven Momente gäbe nie ein Bewusstsein der Succession, wenn nicht die übergreifende Einheit des Bewusstseins schon zu Grunde läge und also vorausgesetzt werden dürfte. Jeder Versuch, sie abzuleiten, müsste, je reiner er ausgeführt wird, desto sicherer zur Erkenntniss ihrer Unableitbarkeit führen. Das ist die Wurzel alles Rationalismus seit den ELEATEN und PLATON; so recht deutlich gleich bei DESCARTES, dem die Einheit der Verknüpfung durchaus das der Sache nach Erste ist; die „Substanz" bedeutete ihm eben die Einheit der Verknüpfung. Dagegen beruht das sensualistische Streiten wider den Substanzbegriff fast ausschliesslich auf Missverständniss. Man bestreitet ja mit vollem Recht die Lostrennung der Substanz von der Erscheinung, die Hypostasirung der blossen Abstraction der Einheit zu einer von der Erscheinung überhaupt abgelösten Existenz. Allein darüber bedurfte im Grunde weder DESCARTES noch vollends LEIBNIZ der Belehrung; bei dem unnöthigen Streiten dawider übersah man aber und verkannte ganz den fruchtbaren Gehalt des Begriffs, beachtete namentlich nicht seine actuelle Bedeutung und Leistung in der Wissenschaft, die doch, von aller philosophischen Interpretation abgesehen, durchaus auf eigenem Grunde feststeht, und den grossen Rationalisten sehr gegenwärtig war. Die sensualistische Kritik forscht einseitig nach der subjectiven Gestalt, in der der Begriff psychologisch da ist, und verliert dabei seine objective Geltung und Leistung in der Wissenschaft ganz aus den Augen. DESCARTES, LEIBNIZ, KANT, ja schon PLATON, gingen von der letzteren aus, darauf vorzüglich beruht ihre Ueberlegenheit gegenüber dem Sensualismus, möchten sie immerhin in psychologischer Hinsicht geirrt haben.

5. Der Streit wider den Substanzbegriff, von den alten Skeptikern überkommen, nimmt seinen Anfang in der Neuzeit bei GASSENDI und HOBBES, er wiederholt sich bei LOCKE, BERKELEY und HUME. Keiner von diesen (HOBBES etwa ausgenommen, der aber eben hier dem Rationalismus näher steht) hat die positive Bedeutung des Begriffs in der Wissenschaft ernstlich beachtet, während sie mit zulänglicher Klarheit, allerdings Einer immer dem Andern nachsprechend, den alten, berechtigten Protest gegen die Hypostasirung der blossen Abstraction erneuern. Gegen sie alle hätte als Entgegnung genügt, was DESCARTES andeutet, LEIBNIZ unablässig stark betont: die Einheit der Substanz bedeute in concreto die des Gesetzes; sie sei nicht von den Phänomenen überhaupt losgelöst, sondern sei eben die Einheit, in die das Mannigfaltige der Erscheinung sich unter dem Begriff zusammenfasse und in der es seine gegenständliche Realität habe. Nur, wenn man die Einheit, die, kantisch gesprochen, bloss Einheit des Mannigfaltigen der Erscheinung ist, dieser ihrer actuellen Bedeutung entkleidet und ganz für sich, ausser aller Beziehung zur Erscheinung und der Aufgabe ihrer Objectivirung auffassen will, so bleibt freilich nichts zurück als jenes leere „unsagbare Etwas", das ein Etwas und doch nicht irgendetwas Bestimmtes sein soll; ein Begriff, durch den nichts begriffen wird. Nicht erst KANT ist sich darüber klar, schon LEIBNIZ erklärt unumwunden: aus den Phänomenen muss Alles abgeleitet werden; es gibt kein Reales jenseits der Phänomene, sondern das Reale, die Einheit der Substanz, bedeutet in concreto eben die den Phänomenen zu Grunde liegende Einheit des Gesetzes der Phänomene, welches in der Reihe derselben (nach Analogie einer algebraischen Reihe) sich entwickelt, quod se per phaenomena exserit.[1]). Was gegen den so gefassten Substanzbegriff die sensualistische Kritik ausrichten wollte, ist nicht abzusehen.

Im Einzelnen erscheint BERKELEY's Gleichung, Esse = Percipi, zunächst als klare Formulirung wenigstens der einen Seite der Correlativitätsthatsache: kein Gegenstand ohne Beziehung aufs Be-

---

[1]) Am klarsten in Briefen an De Volder, L.'s philos. Schr. her. v. Gerhardt, Bd. II, 252 f. 258. 274. 278. 282 f.

wusstsein. Jedoch übersieht BERKELEY sowohl die Einheit des Bewusstseins als namentlich, in Folge davon, die Einheit des Gegenstands; so muss sich denn freilich die Objectivität (des Esse) ganz in die Subjectivität (des Percipi) verflüchtigen. Die wunderliche Inconsequenz, dass die „denkende" Substanz einfach festgehalten wurde, überwand HUME. Bei diesem verdient hervorgehoben zu werden, 1) dass er neben der Beziehung aufs Bewusstsein die ganz so nothwendige Beziehung auf den Gegenstand nicht übersieht oder wegdeutet, sondern ausdrücklich betont, freilich auch nicht zu erklären weiss; daher er denn genöthigt wird, sie als einen nicht wegzubringenden Gedankenbetrug zu betrachten; 2) dass die eine wie die andere Beziehung nach ihm den Inhalt der Vorstellung nicht vermehrt oder verändert, sondern eine blosse Beziehung ist, ohne auch für sich angebbaren Beziehungspunkt, a relation without relative. Wirklich ist die Beziehung auf den Gegenstand so wenig wie die aufs Bewusstsein eine Beziehung auf einen besonders gegebenen oder angebbaren Inhalt, sondern nur auf die im Mannigfaltigen der Erscheinung selbst begrifflich festzuhaltende, somit zu erkennende Einheit: die Einheit des Gesetzes. Diese positive Lösung erreicht weder HUME noch ein anderer Sensualist; so wird ihm die Beziehung auf den Gegenstand, desgl. die auf das Ich, eigentlich zur Illusion. Am bedeutendsten zeigt sich HUME in der Einsicht, dass in der Einheit des Bewusstseins kein Gegenstand erkannt wird, weil darin kein Beharrliches gegeben, sondern Alles im continuirlichen Flusse ist. Ebendies betont ja KANT, dessen präcise, stringente Fassung dieser Einsicht HUME, in Ermangelung zulänglicher Begriffe von den positiven Bedingungen und Gesetzen der Objectivirung, freilich nicht erreichen konnte. Wir würden in unserer Sprache sagen: zur Objectivirung würde eine beharrliche Erscheinung erforderlich sein, das Ich aber erscheint überhaupt nicht; wie KANT richtig sagt, diese „Vorstellung" habe überhaupt „keinen Inhalt", „kein Mannigfaltiges", sie sei folglich „so wenig Anschauung als Begriff von irgendeinem Gegenstande", sondern „bloss die Form des Bewusstseins"; die wir denn freilich auch nicht „Vorstellung" nennen würden.

6. Wir können den modernen Sensualismus nicht verlassen, ohne noch in Kürze auf die von seinen heutigen Vertretern als

„klassisch" gepriesene Darstellung in J. Stuart Mill's „Examination of Sir W. Hamilton's philosophy", ch. XI u. XII, Rücksicht genommen zu haben. „Wirkliche" und „mögliche" Wahrnehmungen, d. h. nach Analogie früherer Wahrnehmungen zu erwartende, genauer die „fortdauernde Möglichkeit der Wahrnehmung", permanent possibility of sensation, constituirt den Gegenstand, das ist die entscheidende Formulirung. Es braucht aber nach früher Gesagtem kaum noch ausgesprochen zu werden: in der „Möglichkeit", zumal der fortdauernd bestehenden Möglichkeit schlummert, nur unerkannt, die Einheit des Gesetzes, welche den echten Begriff des Gegenstandes gibt und worin die geforderte und vermisste selbständige Bedeutung des Gegenstandes und der Beziehung auf denselben völlig gesichert ist. Genau betrachtet streitet eben auch Mill nur gegen jenes selbstgemachte Gespenst einer vom „Mannigfaltigen" der Erscheinung überhaupt abgelösten Einheit, in der er ganz richtig, übrigens im Einklang mit Kant, die Hypostasirung einer blossen Abstraction erkennt. Aber wie sonst, so bleibt der Sensualismus auch hier bei dem unfruchtbaren negativen Resultat stehen, dass alles Sein, aller Gegenstand in eine blosse Relation, und zwar, wie Hume sagte, without relative, sich auflöse; das Fruchtbare, Positive, die nothwendige d. h. gesetzmässige Einheit der Relation wird kaum beachtet, jedenfalls nicht als das Entscheidende erkannt.

Dieser Fehler ist nun längst verbessert durch Kant. Bei ihm hätte der Positivismus, was er Gesundes will, fast bis zur Formulirung finden können. Wirklich ist, was mit einer Wahrnehmung nach empirischen, d. h. wiederum an Wahrnehmung zu bewahrheitenden Gesetzen zusammenhängt. Dass es Einwohner im Monde geben könne, ob sie gleich kein Mensch jemals wahrgenommen hat, bedeutet nur so viel: dass wir in dem möglichen Fortschritt der Erfahrung auf sie treffen könnten; denn Alles ist wirklich, was mit einer Wahrnehmung nach Gesetzen des empirischen Fortgangs in einem Context steht. Uns ist wirklich nichts gegeben, als die Wahrnehmung und der empirische Fortschritt von dieser zu anderen möglichen Wahrnehmungen. Denn an sich selbst sind die Erscheinungen, als blosse Vorstellungen, nur in der Wahrnehmung wirklich[1]). Aber allerdings auf die Einheit der Verknüpfung

---
[1] Kr. d. r. V. her. v. Kehrbach S. 402 f. Vgl. 318 und 207 f.

wirklicher und „möglicher" Wahrnehmungen „nach Gesetzen", auf den „einen Context" kommt es an; er allein begründet die gegenständliche Gültigkeit, nur in Beziehung auf ihn hat die „mögliche" Wahrnehmung ihren bestimmten positiven Sinn, ihre im guten Sinne empirische Bedeutung; sonst ist sie eine so kahle, leere Abstraction wie irgendeine.

Zu dieser gegenständlichen Bedeutung aber kann das Ich, dieser Quasi-Gegenstand für den „inneren Sinn", niemals gebracht werden; in dieser Erkenntniss entfernt sich KANT am weitesten von seinen rationalistischen Vorgängern, ganz besonders von LEIBNIZ. Aber auch über den Sensualismus geht er darin weit hinaus, dass er die Begründung objectivgültiger Erkenntniss fortan folgerecht nicht auf der subjectiv-psychologischen Seite, sondern rein in den Begriffen und Grundsätzen der objectiven Wissenschaft, d. h. in den Gesetzen sucht, welche die Objectivität der Erkenntniss thatsächlich in den gesicherten Erkenntnissen der Wissenschaft (in erster Linie der mathematischen Naturwissenschaft) constituiren; wogegen wir den Sensualismus bis heute bemüht sehen, in der Psychologie die Grundlegung der Erkenntniss und ihrer Wahrheit zu entdecken.

Dies betrifft nun bereits diejenige Consequenz der Correlativitätsthatsache, die uns hier vorzugsweise angeht. Dieselbe ist bei KANT in den entscheidenden Zügen begriffen und ausgesprochen, aber weder überhaupt ausführlich, noch jemals aus dem selbständigen Gesichtspunkt und Interesse der Psychologie entwickelt, sondern bloss nebenher zum Behufe der Erkenntnisskritik, um sie von aller Psychologie unabhängig zu stellen, angedeutet worden. Dabei ist das Verhältniss zwischen Psychologie und Vernunftkritik nicht allseitig klar und unmissverständlich bestimmt worden; was zur Folge gehabt hat, dass das reine Verständniss der kritischen Absicht KANT's nicht bloss von Gegnern, sondern zum Theil von den entschiedensten, in anderer Hinsicht congenialsten Anhängern verfehlt worden ist. Unsere Erörterung wird uns von selbst auf diesen Punkt zurückführen; für jetzt haben wir die Consequenz der Correlativitätsthatsache hinsichtlich der Möglichkeit einer psychologischen Theorie genauer darzulegen.

§ 10.

In Consequenz des correlativen Verhältnisses von Bewusstsein und Gegenstand ist die gesetzmässige Erklärung der Bewusstseinserscheinungen allein auf der gegenständlichen Seite, daher im einheitlichen Causalzusammenhange der Natur zu suchen. Es gibt keine eigene, etwa von Naturwissenschaft unabhängig zu begründende Theorie der psychischen Erscheinungen.

Eine Thatsache des Bewusstseins kann, ebenso wie eine Thatsache der äusseren Natur, mit objectiver Gültigkeit nur constatirt werden in Beziehung auf die eine, allem objectiven Geschehen zu Grunde liegende Zeit. Die Einheit der objectiven Zeit wird aber selbst erst constituirt durch die Einheit des Causalzusammenhanges der Erscheinungen in ihr, und zwar ihres Zusammenhanges in einer äusseren Natur, weil alle objective Zeitbestimmung zugleich durch den Raum bedingt ist.

Aber auch ganz unmittelbar sind die Erscheinungen des Bewusstseins nicht bloss auf die Zeit, sondern auch auf den Raum bezogen. So hat zuerst alle Wahrnehmung und Vorstellung des Räumlichen selbst eine unerlässliche Beziehung auf den Raum; nicht bloss das Object, sondern auch das Subject derselben wird unvermeidlich als im Raume gegenwärtig, die Beziehung zwischen beiden als eine räumliche gedacht. In einer nur unbestimmteren Weise aber ist überhaupt aller sinnliche Inhalt des Bewusstseins auf den Raum bezogen und muss daher mit allem räumlichen Geschehen im einigen Causalzusammenhange der Natur aufgefasst werden. Nicht darin eingeschlossen ist nur die Bewusstheit überhaupt, insbesondere die über Raum und Zeit gleichsam übergreifende Einheit des Bewusstseins, welche allem räumlichen und zeitlichen Vorstellen, wie überhaupt aller Verbindung schlechthin ursprünglich zu Grunde liegt, eben darum aber, isolirt vom Inhalt und dessen Verbindung, gar nicht gegeben, mithin auch kein Gegenstand der Erklärung ist.

1. Nach dem gewonnenen Ergebniss sind überhaupt nicht zwei, etwa einander parallele Reihen oder Ordnungen von Phänomenen gegeben, sondern es ist überhaupt eine und dieselbe Erscheinung, welche einerseits Erscheinung für ein Bewusstsein, andererseits Er-

scheinung des Gegenstands ist. Das Dasein für ein Ich ist nicht ein neues Factum, welches zum Dasein der Erscheinung erst hinzukäme; als Erscheinung ist sie nur da, sofern sie erscheint, d. h. für Jemanden da ist. Desgleichen ist das Gegebensein als Erscheinung des Gegenstands nicht ein neues Factum, das zum Gegebensein der Erscheinung, bloss als solcher, erst hinzukäme; sondern wiederum als Erscheinung ist sie nothwendig auf den darin erscheinenden Gegenstand zu beziehen. Vielleicht wendet Jemand ein: die wirkliche Beziehung auf den Gegenstand, desgleichen auf das Ich, sei doch etwas Neues, obgleich diese wie jene Beziehung, als möglich, mit jeder Erscheinung gegeben sein möge. Indessen, dass die Beziehung gegeben sei, könnte überhaupt nur heissen: sie kann zu Bewusstsein gebracht werden; somit heisst, sie sei als möglich gegeben, nichts Anderes als, sie sei überhaupt gegeben. In strengem Sinne gegeben ist aber nur die Erscheinung, an der jederzeit diese zwei Beziehungen zum Bewusstsein gebracht werden können: die Beziehung auf ein Ich, dem sie erscheint, und auf den Gegenstand, der darin erscheint.

Sind nun überhaupt nicht zwei Reihen zu erklärender Phänomene gegeben, wie sollte wohl zu zwei unabhängig nebeneinander hergehenden, allenfalls nachträglich erst auf eine höhere Einheit zu bringenden Systemen wissenschaftlicher Erklärung zu gelangen sein? Muss also die Erklärung vielmehr in einem einheitlichen Zusammenhange von Gesetzen gesucht werden, so ist dieser einheitliche Zusammenhang offenbar auf der objectiven Seite zu suchen. Die Deutung der Erscheinungen auf den darin erscheinenden Gegenstand, die Objectivirung der Erscheinungen, das ist ihre Erklärung; eine andere gibt es nicht.

Oder erscheint gar in der Erscheinung überhaupt zweierlei Gegenstand? Allerdings, wer das Ich für einen Gegenstand hält, muss sich die doppelte Objectivität wohl gefallen lassen. Aber Gegenstand wofür? Wiederum für das Ich, anders gibt es keine Antwort. Und so sind wir wieder im metaphysischen Cirkel eingefangen.

2. Nichtsdestoweniger kam man zu der Forderung einer selbständigen psychologischen Theorie auf begreifliche Weise. Die Erscheinung ist jedenfalls etwas, eine selbständige „Thatsache"

gegenüber dem „Gegenstand", den wir von ihr als „äusseren" unterscheiden: der Naturthatsache. Dies eigene Sein der Erscheinung will, als ein thatsächliches, zum mindesten constatirt sein. Sodann aber meint man beim blossen Constatiren der Thatsache doch nicht stehen bleiben zu dürfen. Der objective Zusammenhang der Natur erklärt aber nur das objective, „äussere" Geschehen, nicht das subjective, d. h. das Erscheinen selbst. Mithin muss dafür eine Erklärung auf selbständigem Wege gesucht werden.

Wollte man auf das blosse Constatiren der Thatsache sich sogar beschränken, so ist doch zu bedenken, dass alle Feststellung zweifelhafter Thatsachen auf Erkundung des Causalzusammenhanges beruht. Sei es zweifelhaft, ob eine Wahrnehmung, die wir gemacht zu haben meinen, oder auch ein Traum, wirklich stattgefunden habe, so werden wir uns, ganz wie bei der Sicherstellung äusserer Thatsachen, nach den Ursachen und Wirkungen des fraglichen Erlebnisses umsehen und durch Schlüsse von der Ursache auf die Wirkung oder umgekehrt der Unsicherheit unserer Erinnerung nachzuhelfen suchen. Wir werden den Zusammenhang des Bewusstseins, in dem das fragliche Erlebniss vorkam, zu reconstruiren versuchen und dann vom antecedens aufs consequens oder umgekehrt schliessen. Offenbar aber wird dabei dieser Zusammenhang nicht als blosse Succession, sondern als zugleich ursachlich begründet angesehen; eben dies, dass man vom antecedens aufs consequens (und umgekehrt) schliessen kann, dass also die Folge als nothwendig angesehen wird, begründet ja den Unterschied der ursachlichen von der bloss zeitlichen Verknüpfung. Es folgte nicht bloss einer Vorstellung die andere, sondern eine führte die andere herbei, rief sie hervor, kurz eine Causalverknüpfung wird vorausgesetzt.

„Wirklich" ist auch nach KANT, was mit gegebener Wahrnehmung nach empirischen Gesetzen zusammenhängt. Soll dies (wird man fragen) für die Feststellung des psychisch Wirklichen, der wirklichen Erscheinung, der „Thatsache" des Bewusstseins etwa nicht gelten?

3. Wir antworten: allerdings gilt es für sie. Allein eben damit tritt die Bewusstseinsthatsache in den einheitlichen Causalzusammenhang der Natur ein.

Der geradeste Weg, dies zur Gewissheit zu bringen, ist der

folgende. Zur Constatirung einer Thatsache, mag sie psychisch oder physisch heissen, gehört auf jeden Fall die objective Zeitbestimmung. Die Zeitstelle (desgl. Zeitdauer) einer Erscheinung kann aber mit objectiver Gültigkeit allein constatirt werden in Beziehung auf die eine, allem objectiven Geschehen gemeinschaftlich zu Grunde liegende Zeitordnung. Diese Einheit der objectiven Zeit wird aber selbst erst constituirt durch die Einheit des Causalzusammenhanges der Erscheinungen. Die objective Zeitordnung der Ereignisse ist diejenige, wonach dieselben sich ihre Zeitstellen wechselseitig auf einhellige Weise, mithin nach Gesetzen, welche die Zeitordnung der Ereignisse fest und bestimmt machen, d. h. nach causalen Gesetzen, anweisen.

Daraus folgt unmittelbar die nothwendige Einheit des Causalzusammenhanges alles Erscheinenden. Wer für psychisches und physisches Geschehen zweierlei Causalordnung annimmt, müsste folgerecht auch beide auf zweierlei Zeit beziehen; die Einheit der Zeitordnung fordert unerbittlich die Einheit der Causalordnung.

Dass nun aber diese einheitliche Ordnung des ursachlichen Zusammenhanges allein in der „Natur" gesucht werden kann, folgt klärlich aus der nothwendigen Beziehung der Zeitvorstellung (zumal wofern sie objectiv gültig sein soll) auf die Raumvorstellung. Die Zeit ist nicht durch sich selbst messbar; ich kann nicht eine Zeitstrecke wie eine Raumstrecke aus ihrer Stelle rücken und an einer andern messen; sondern sie ist allein messbar (mithin bestimmbar) durch den Raum. Es sind im allgemeinen gleichförmige (als gleichförmig angenommene) Bewegungen, welche uns den gleichförmigen Fluss der Zeit repräsentiren müssen. Somit ist eine Zeit objectiv allein bestimmbar an einem Geschehen der äusseren Natur. Jede bestimmte Beziehung eines Ereignisses auf die eine, objective Zeit betrachtet dasselbe unvermeidlich als Naturvorgang, im einheitlichen Causalzusammenhange „der" (nur im Singular denkbaren) Natur.

Zwar glaubt man vielfach die Zeit auch unmittelbar, ohne Hülfe des Raumes, wenn auch nicht messen, so doch mehr oder minder zutreffend schätzen zu können, indem man auf die Abfolge der Vorstellungen achtet, eine reichere Fülle von Eindrücken auf eine längere, eine weniger reiche auf eine kürzere Zeitdauer deutet. Allein erstens bleibt solche Schätzung immer subjectiv, es handelt sich aber jetzt um objectivgültige Bestimmung. Und sodann meint diese subjective Schätzung wirklich die eine objective Zeit und setzt sie voraus, sie räth gleichsam auf die objective Dauer, obgleich ihr das Mittel fehlt, sie sicher und haltbar zu bestimmen. Soll nun dies Rathen auf die objective Dauer die wahre Dauer des subjectiven Geschehens bestimmen? Ich kann nicht annehmen, dass dies die Meinung sei, obgleich es hochachtbare Psychologen gibt, die sich so ausdrücken, als sei es die Meinung. Sondern wir erleben unmittelbar zwar ein Nacheinander von Eindrücken, aber nicht eine irgend bestimmte oder auf bloss subjectivem Wege überhaupt bestimmbare Zeit; wir schätzen vielmehr die objective Zeit, von unserem subjectiven Erlebniss aus, nach gewissen allgemeinen Erfahrungen, welche, wenn man genauer prüft, immer auf das äussere Geschehen zugleich Bezug haben, dessen Controle nie entbehren könnten, und ohne diese Controle nicht bloss aller Sicherheit ermangeln, sondern überhaupt nicht möglich sein würden. Es gibt daher keine besondere psychische Zeit, sondern nur eine mehr oder weniger bestimmt auf ein äusseres Geschehen bezogene, demgemäss mehr oder weniger exacte und folglich gültige Bestimmung der einen, objectiven Zeit.

Aber vielleicht leuchtet doch die Consequenz noch nicht ein: dass das psychische Geschehen, vermöge seiner nothwendigen Beziehung auf die eine, allem Geschehen gemeinsame Zeit, mit dem physischen in eine Causalordnung begriffen werden müsse. In der einen Zeit, wird man denken, könne doch sehr wohl zweierlei Geschehen Platz finden, und finde wirklich Platz: Veränderungen in der äusseren Natur (Bewegungen im Raume) und Veränderungen in uns (Vorstellungen, Gedanken etc.), beide durch eine beständige Wechselbeziehung verknüpft, durch welche die Beziehung auf eine und dieselbe Zeit hinreichend gewährleistet sei. Und der Doppelheit des Geschehens entspreche denn auch ein doppelter Causalzusammenhang.

Allein diese Entgegnung würde eben das übersehen, worin der Nerv unserer Beweisführung lag: dass die Einheit des Causalzusammenhanges es ist, welche die objectivgültige Beziehung der Erscheinungen auf die eine objective Zeit ermöglicht und vollbringt; oder dass die Einheit der Causalordnung bedingend ist für die Einheit der Zeit. Die Einheit der Zeit ist nicht von selbst gegeben, noch ist sie garantirt durch den unmittelbaren Zusammenhang unseres subjectiven Erlebens; deswegen eben, weil dieser subjective Zusammenhang (durch die Beziehung auf ein und dasselbe Ich) ein fliessender, in sich unbestimmbarer ist, bedarf es noch einer anderen Bedingung, um die objectivgültige Zeitbestimmung zu ermöglichen; diese andere Bedingung ist der Raum. Die Zeiteinheit wird erst mitconstituirt als ein Moment, und zwar ein sehr wesentliches, der Natureinheit, und dazu gehört ebenfalls der Raum, zunächst zum Behufe der Einheit der Zeitbestimmung selbst. Die objective Zeitbestimmung bedarf eines „Beharrlichen", welches in der blossen Zeit (worin „Alles im Flusse" ist) nicht gefunden wird. Das sind kantische Sätze, die aber, wie wir meinen, unabhängig von KANT feststünden durch die Thatsache der Wissenschaft..

4. Doch schmeicheln wir uns nicht, durch diese objective Deduction fertig gebracht zu haben, was KANT nicht fertig gebracht hat: das tiefeingewurzelte, wohl gar durch KANT selbst (nämlich durch Missverständniss seiner Lehre vom inneren Sinn) beförderte Vorurtheil zu beseitigen, als ob die Bewusstseinsthatsache als solche schlechterdings unräumlich sei und mit dem äusseren, räumlichen Geschehen überhaupt nur die Zeit gemein habe. Von diesem Standpunkt hält man es begreiflich für eine Täuschung, dass die Zeit selbst nur durch den Raum vorzustellen sei; die Repräsentation der Zeit durch ein räumliches Continuum, meint man, sei nichts weiter als eine Metapher, eine Fiction, ein blosser Kunstgriff der Wissenschaft, der nur der Bequemlichkeit der Darstellung diene. Wäre diese Ansicht richtig, so müsste freilich die Zumuthung, die psychischen Erscheinungen mit den Naturerscheinungen in einer einzigen Causalordnung zusammenzufassen, als eine unerfüllbare erscheinen. Versuchen wir denn, jenen Psychologen auf dem eigenen Boden der Psychologie zu begegnen.

Es muss behauptet werden, dass die psychische Erscheinung auch unmittelbar eine ebenso wesentliche Beziehung auf den Raum wie auf die Zeit hat.

Betrachten wir, um uns diese vielleicht befremdliche Ansicht erst etwas vertrauter zu machen, zunächst den einleuchtendsten Fall der sinnlichen Wahrnehmung, und zwar der Gesichts- und Tastwahrnehmung, d. h. der Wahrnehmung des Räumlichen selbst.

Wie will man denn leugnen, dass diese eine ganz unerlässliche Beziehung auf den Raum hat, und zwar nicht auf einen anderen Raum als den, welchen wir dem Naturgeschehen zu Grunde legen, sondern auf ebendenselben?

Zwar ist zu besorgen, dass die Psychologen, mit denen wir hier zu thun haben, über mich herfallen und mich einer argen, kaum verzeihlichen Verwechselung beschuldigen werden. Der **Inhalt** dieser Wahrnehmungen werde ja freilich, eben durch den Act des Wahrnehmens, auf den Raum bezogen, allein mein psychisches Erlebniss, **mein Wahrnehmen als Act**, könne gar nicht auf den Raum bezogen werden. Ist das Wahrgenommene im Raum oder wird es vielmehr in ihn hineingeordnet, so wird damit doch das Wahrnehmen selbst nicht zum räumlichen Vorgang. Soll die Wahrnehmung das draussen Vorhandene buchstäblich in uns herüberholen? Soll es „hinüberwandern" in mein Ich oder Bewusstsein? Ist das Bewusstsein ein Raum, und gar ein Raum im (äusseren) Raum?

Indessen haben wir die hier vorausgesetzte Unterscheidung zwischen Inhalt und Act des Bewusstseins längst zurückgewiesen und zugleich, wie wir denken, in ihrem verführenden Scheine erklärt. Vermuthlich reducirt sich das Wunder der unräumlichen Bewusstseinsprocesse auf das freilich nothwendig zuzugestehende Wunder der Bewusstheit. Das ist ja richtig, dass die Bewusstheit, die Beziehung auf ein Ich, nichts Räumliches ist. Denn da sie, wie festgestellt, überhaupt nicht erscheint, der Raum aber eine Form der Erscheinung, eine Ordnung der Inhalte ist, wie sollte die Bewusstheit wohl im Raume gegeben sein? Ich behaupte aber, sie ist **ebensowenig in der Zeit** gegeben. Nicht sie erscheint in der Zeit, sondern die Zeit erscheint in ihr, wie wir wiederholt zu constatiren hatten. Die Zeit gehört gleichfalls, wie der Raum, zum Inhalt, als eine Form seiner Ordnung; auch sie ist für ein Ich, schliesst aber nicht selbst das Ich ein. Die Succession ist allemal Succession der Inhalte, natürlich für ein Bewusstsein. Folgerecht sollte also, wer das Ich und die Beziehung darauf für unräumlich erklärt, beides auch für unzeitlich erklären, wie wenigstens HERBART es auch wirklich thut. Mit vollem Recht, wenn eben jenes Ich gemeint ist, welches, wie allem Inhalt, so auch der Ordnung desselben in Raum und Zeit schlechthin gegenübersteht. Nur muss man sich klar sein, dass dieses Ich, da es ganz und gar nicht erscheint, damit auch aus aller objectiven Betrachtung entfällt.

Lassen wir aber das unräumliche und schliesslich unzeitliche Ich aus dem Spiele, so bleibt uns von der Bewusstseinsthatsache nichts übrig als der Inhalt, die Erscheinung. Auf die Frage, wo das Erscheinende erscheine, kann dann nur geantwortet werden durch Angabe der Stelle im gedachten einzigen, objectiven Raume, in welche ich das Object der Wahrnehmung, durch den Act der Wahrnehmung, gemäss den jedesmaligen Bedingungen derselben, wirklich verlege. Vielleicht verlege ich es an eine falsche Stelle; vielleicht ist, was ich draussen zu sehen oder zu hören glaubte, in der That nur auf meiner Netzhaut, in meinem Ohre zu suchen. Allein schon, wenn ich frage, ob es da oder dort, drinnen oder draussen sei, vollends, wenn ich den Bedingungen nachforsche, von denen die Localisation abhängt und unter denen sie objectiv oder nur subjectiv gültig ist, so rede ich vom Naturgeschehen, von der Begründung derjenigen Objectivität, welche Natur heisst, und es handelt sich gar nicht mehr darum, ob die Erscheinung überhaupt im Raume sei, sondern nur, ob ich ihre Stelle im Raume richtig oder unrichtig, gültig oder ungültig bestimme. Oder soll die ungültige Bestimmung des objectiven Raumverhältnisses die gültige Bestimmung des subjectiven oder Vorstellungsraumes bedeuten? Das kann nicht die Meinung sein; also bleibt es wohl bestehen, dass auch die subjective Erscheinung als zum Raume gehörig zu betrachten ist, und nicht bloss überhaupt zu einem, sondern zu einem und demselben Raum, auf den das Naturgeschehen bezogen wird. Hier hätten wir denn ein unzweifelhaft psychisches Phänomen, welches ganz unmittelbar, ohne jede etwa künstliche Vermittlung oder Uebertragung, dem Raume zugehört, daher auch mit allem äusseren oder Naturgeschehen in einem gesetzlichen Zusammenhange begriffen werden muss. Mindestens hier also, in der räumlichen Wahrnehmung selbst, besteht gar nicht eine solche Scheidewand, wie man sie zwischen psychischen und physischen Erscheinungen hat aufrichten wollen.

Ich gehe aber so weit, zu behaupten, in der äusseren Wahrnehmung werde nicht nur das Wahrgenommene, sondern selbst der

Wahrnehmende unmittelbar im Raume gegenwärtig gedacht. Aeussere Wahrnehmung wird unvermeidlich vorgestellt als ein äusseres, räumliches Verhältniss zwischen mir und dem Object. Das Object steht vor mir; ich bin dabei im Raume und das Object ist im Raume, und zwar beide in demselben, einigen, allbefassenden Raume. Ich stelle das Object mir vor, vielmehr es stellt sich mir vor, im buchstäblich räumlichen Sinne.

Zwar werden manche feinsinnige Psychologen finden, dass diese Auffassung doch gar zu roh und plump sei. Auch gebe ich bereitwillig zu, dass das Gesagte nicht gelten könne von jenem Ich, welches, gleich den Rittern von der Gemüthlichkeit, ob Raum und ob Zeit erhaben schwebt; sondern nur von dem, was uns hier im Leben, solange wir noch mit Raum und Zeit uns zu bemengen haben, unser Ich, das an sich unvorstellbare, vorstellen, d. h. repräsentiren muss; dieses repräsentative Ich, wie wir es nennen wollen, ist ohne Zweifel im Raume wie in der Zeit. Jenes ursprüngliche Ich dagegen ist über Raum und Zeit — aber ebendamit auch über alle erfahrbare Thatsächlichkeit hinaus; es wird damit für die Wissenschaft zum mindesten uninteressant; denn nach dem Erfahrbaren ist für sie allein die Frage, und da kann man nur sagen: die Thatsache, dass „ich" etwas ausser „mir" wahrnehme, bedeute unweigerlich ein räumliches Verhältniss zwischen diesem Ich und dem Wahrgenommenen. Nun gehört alles räumliche Verhältniss zur äusseren Natur und ist im einheitlichen Zusammenhange derselben zu erklären; mithin ist auch mein Wahrnehmen, nämlich Alles, was sich daran als „Thatsache" erfahren und constatiren lässt, ein äusseres, mithin ein Naturgeschehen.

Noch könnte eingewandt werden: die Beziehung auf den einigen objectiven Raum wie auf die einige objective Zeit sei wenigstens erst ein Erwerb der Erfahrung; ursprünglich und unmittelbar sei die Vorstellung nicht auf den einen objectiven Raum, sondern auf einen Vorstellungsraum bezogen, der nicht ohne weiteres mit den Vorstellungsräumen Anderer identisch, ja eigentlich in jeder neuen Vorstellung ein neuer sei; erst allmählich lernen wir diese verschiedenen Räume unserer Vorstellung auf den einen identischen Raum zurückbeziehen; und analog bei der Zeit.

Dieser genetischen Ansicht soll hier nicht widersprochen werden, sie ist in anderem Zusammenhange zu prüfen. Uebrigens sind wir befriedigt, sobald man zugesteht, dass unser subjectiv Erlebtes sich auf die Einheit der Objectivität überhaupt zurückdeuten lässt. Ob wir es wirklich darauf deuten, ob wir in der Erfahrung weit genug gediehen sind, um die Identification wirklich zu vollziehen, davon hängt hier gar nichts ab. Es genügt, dass 1) nichts Anderes gegeben ist, was sich auf den objectiven Raum und die objective Zeit deuten oder beziehen oder wodurch sich diese Vorstellungen überhaupt vollziehen liessen, als eben die zunächst bloss subjective Vorstellung; und dass 2) alles subjectiv Gegebene irgendwie und in irgendwelchem Maasse auch, als Phänomen oder Symptom, auf die Einheit des objectiven Geschehens (im einen, objectiven Raum und der einen objectiven Zeit) zurückzudeuten ist, d. h. an sich zurückgedeutet werden kann und wissenschaftlich zurückgedeutet werden muss; diese beiden Prämissen reichen hin zu der Conclusion: dass die Phänomene des Bewusstseins mit eben den Phänomenen, welche die Wissenschaft auf die objective Einheit der Natur deutet und in ihr objectivirt, überhaupt einerlei, und mithin nicht zwei Causalordnungen gegeben sind, sondern eine.

5. Das Gesagte galt zunächst von der Wahrnehmung des Räumlichen selbst, d. h. der Gesichts- und Tastwahrnehmungen. In der That aber lässt alle sinnliche Wahrnehmung, desgl. sinnliches Lust- und Schmerzgefühl sich, wenngleich in unbestimmterer Art, auf den Raum beziehen; auf den Grad der Bestimmtheit, gleichsam der Articulation, kommt aber hier gar nichts an. Mit befremdlicher Unbefangenheit geben viele Psychologen die blosse Unbestimmtheit der Raumbeziehung für ein gänzliches Fehlen derselben aus, und kommen so zu der merkwürdigen Ansicht, dass wir in eine raumlose Welt zwar nicht hineinsehen oder -tasten, wohl aber hineinhorchen, -riechen oder -schmecken könnten; welches alles mir bisher nicht hat gelingen wollen. Dass ferner die sinnliche Vorstellung von der Wahrnehmung nicht radical unterschieden sei, ist bereits bemerkt worden. Gesichts- und Tastvorstellungen sind in gleichem Sinne räumlich zu nennen, wie die entsprechenden Wahrnehmungen, obgleich sie, ähnlich den Gehörswahrnehmungen (und -vorstellungen) im Raume nur gleichsam lose zu schweben scheinen; sie sind nicht darum überhaupt unräumlich oder auf einen andern als den einigen

allbefassenden Raum bezogen, weil sie keine feste Stelle im Raum haben. Abgesehen wurde hier noch von der indirecten Beziehung auf den Raum, die überhaupt aller Vorstellung des Successiven anhaftet zufolge der nothwendigen und ursprünglichen Beziehung der Zeitvorstellung selbst auf die Raumvorstellung. Diese genauer nachzuweisen ist nicht dieses Orts; aber wenigstens sei auf den oben berührten Einwurf, dass die Repräsentation der Zeit durch den Raum nur eine fictive, symbolische Bedeutung habe, da doch das Nacheinander selbst nicht damit zum Nebeneinander werde, soviel erwiedert: dass es sich um den Thatbestand des Vorstellens hier eben handelt; können wir ein Nacheinander auf sinnliche Art nur so vorstellig machen, dass wir es ins Nebeneinander gleichsam übersetzen, so folgt, dass der Raum eine Grundbedingung alles sinnlichen Vorstellens ist, dass es ein überhaupt aller Beziehung auf den Raum entbehrendes, dennoch sinnliches Vorstellen gar nicht gibt. Dass übrigens das Bewusstsein des Nacheinander selbst durch kein Nebeneinander zu erklären oder darin aufzulösen ist, bleibt richtig. Aber dies Bewusstsein kann auch nicht sinnlich genannt werden. Das Charakteristische des Sinnlichen ist doch die unmittelbare Gegenwart des Inhalts vor dem Bewusstsein. Ein Nicht-Jetzt kann aber nicht dem Bewusstsein unmittelbar gegenwärtig, sondern durch ein Gegenwärtiges höchstens repräsentirt sein. Diese Vergegenwärtigung des Nichtgegenwärtigen (die Thatsache, dass ein Gegenwärtiges ein Nichtgegenwärtiges bedeuten kann), geht über den Charakter des Sinnlichen offenbar hinaus. Es wirkt darin schon die vom Sinnlichen ganz verschiedene „Einheit" des Bewusstseins, von der wir schon erklärten, dass sie, als überhaupt nicht erscheinend, auch nicht Gegenstand der Erklärung sein könne. Dennoch bleibt es dabei, dass dieselben sinnlichen Inhalte, welche auf die Zeit, zugleich auf den Raum bezogen, mithin in der Einheit des Naturzusammenhanges mitbegriffen werden müssen.

Wir haben nun aus unseren Prämissen die allgemeine Conclusion zu ziehen.

§ 11.

Dem Gesagten zufolge sind die Phänomene des Bewusstseins mit den Phänomenen, welche die Wissenschaft auf die objective Einheit der Natur bezieht, ganz und gar identisch; es sind überhaupt nicht zwei selbständig gegebene Reihen von Phänomenen, welche erst nachträglich zu einander in Beziehung zu setzen wären, sondern es ist nur ein Gegebenes, welches auf zweierlei Art betrachtet wird, einerseits als bloss erscheinend, d. h. im Bewusstsein gegeben, andrerseits in Bezug auf den darin erscheinenden Gegenstand.

Damit ist die Forderung des „Monismus": alles Erfahrbare in einer Einheit des gesetzlichen Zusammenhanges zu begreifen, auf ihren wahren Sinn gebracht; so aber muss sie anerkannt werden, nicht als ein blosses, vielleicht unrealisirbares Ideal der Erkenntniss, sondern als ein Grundgesetz der Wissenschaft. Der vermeinte Dualismus des Geschehens löst sich auf in einen allerdings unaufheblichen Dualismus der Erkenntnissbedingungen, nämlich in das Wechselverhältniss von Erscheinung und objectiver Wahrheit, oder von Phänomen und Gesetz. Die doppelseitige Bedingtheit der Erkenntniss hindert aber nicht die Einheit der Erkenntniss selbst, nämlich der Erfahrung. Der Monismus im berechtigten Sinne ist der Monismus der Erfahrung.

1. Alles psychisch Erscheinende ist, wie gezeigt, zunächst durch die Zeit, ferner aber, im engsten logischen Zusammenhang damit, durch den Raum bedingt, daher nothwendig auf das Geschehen in der äusseren Natur bezogen und mit demselben in einer Causalverknüpfung, folglich selber als Naturgeschehen aufzufassen, und kann nur auf Grund dieser Auffassung überhaupt Gegenstand der Erklärung sein. Psychisches und Physisches sind nicht zwei gesonderte Gebiete zu erklärender Thatsachen, sondern alles psychisch Gegebene ist zugleich als Erscheinung oder Symptom auf ein äusseres, mithin physisches Geschehen, auf die objective Einheit der Natur zu beziehen. Dieser „Monismus" ist gegeben, er ist nicht eine ferne, vielleicht nie sich erfüllende Aussicht; er ist gegeben, weil überhaupt die Phänomene gar nicht in zweierlei Gestalt, sondern in einer einzigen da sind.

Andrerseits ist dabei, was man bei der Unterscheidung des Psychischen vom Physischen Sachliches im Sinne hatte, nicht übersehen; es ist nur der vermeinte Dualismus des Geschehens aufgelöst in den tieferen, freilich durch keinen Fortgang der Erfahrung aufzuhebenden, weil die Erfahrung selbst bedingenden Dualismus von Erscheinung und objectiver Erkenntniss, oder von Phänomen und Gesetz; deren Unterschied und Verhältniss beruht auf dem Gegensatz und Wechselverhältniss des an sich grenzen- und bestimmungslos gegebenen „Mannigfaltigen" und dessen Begrenzung und Bestimmung zu derjenigen „Einheit" der Auffassung, welche den Begriff, das Gesetz, und darin die Objectivität constituirt. Dieser von PLATON erkannte, von KANT tiefer entwickelte und in haltbarerer Gestalt ausgeglichene Dualismus der Erkenntnissbedingungen ist nicht wegzubringen, er hindert aber nicht, dass die objective Erkenntniss selbst — „Erfahrung" im kantischen Sinne — eine ist. Eins und unentzweit ist das Gebiet der zu erklärenden Phänomene, eine und ursprünglich zusammenhängend die unmittelbare Ordnung der Phänomene in Raum und Zeit, den beiden, zugleich unter sich nothwendig verknüpften Grundformen der Verbindung; eine und nicht zweifach die über Raum und Zeit übergreifende, allgegenwärtige und ewige Ordnung der Gesetze. Dieser Monismus unterliegt nicht dem Verdachte einer die Bedingtheit unserer Erkenntniss überfliegen wollenden Speculation, da er vielmehr nur diese Bedingtheit selbst auf ihren klaren Ausdruck bringen will; er ist nicht transscendent, sondern immanent; es ist der Monismus der objectiven Erkenntniss selbst, der Monismus der Erfahrung. KANT spricht ihn aus in den Sätzen der Kritik (S. 123 Kehrb.): „Es ist nur eine Erfahrung, in welcher alle Wahrnehmungen als im durchgängigen und gesetzmässigen Zusammenhange vorgestellt werden; ebenso wie nur ein Raum und eine Zeit ist, in welcher alle Formen der Erscheinung und alles Verhältniss des Seins oder Nichtseins stattfinden."

Wir könnten auch sagen: es ist nur eine gegenständliche Wahrheit, nur eine Objectivität unserer Erkenntniss. Das ist ja überhaupt der Begriff des „Gegenstands": die nothwendige Einheit, in der alle auf ihn bezogene Erscheinung sich zusammenfassen soll. Die Einheit des Gegenstandes wird aber constituirt durch die Einheit des Gesetzes, Bedingungen derselben sind die Einheit der Zeit wie des Raumes. Diese Einheit der Natur, identisch mit der der „Erfahrung", darf nicht bloss als „regulative" Maxime, sondern als „constitutiver" Grundsatz der Wissenschaft ausgesprochen werden. Wissenschaft, Erkenntniss des Gegenstandes besteht nur kraft dieser Voraussetzung. Irgendeine Aufstellung, vollends eine Methode, welche diesen Grundsatz ignorirt, stellt sich damit ausserhalb der Wissenschaft.

2. Hiermit ist die erkenntnisstheoretische Basis für die Entscheidung des fundamentalen Problems der Psychologie gegeben. Man sieht, wie damit zunächst die alte, eigentlich von ARISTOTELES her gestellte Forderung einer naturwissenschaftlichen Begründung der Psychologie in gewissem Sinne gerechtfertigt ist. Die Erklärung der „psychischen" Erscheinungen ist in der That allein mit den Hülfsmitteln und nach den Methoden der Naturwissenschaft zu erreichen; wie des näheren im folgenden Paragraphen entwickelt werden soll. Ob es aber etwa noch einen ganz anderen Weg psychologischer Forschung gibt, — der nicht die Objectivirung der psychischen Erscheinung zum Naturvorgang, sondern (entsprechend dem Resultat der früheren Erörterung, § 6) vielmehr das Subjective der Erscheinung selbst zum Zielpunkt haben muss, — wird ferner zu untersuchen sein; auch dabei wird unsere erkenntnisstheoretische Feststellung als Basis dienen. Auf derselben Basis wird endlich auch das bisher streitige Verhältniss der psychologischen Methode zu der der Erkenntnisskritik sich klarstellen lassen. Zunächst jedoch scheint diese Basis selbst in einer bestimmten Hinsicht noch fernerer Sicherung bedürftig.

§ 12.

Gegen die Forderung einer Erklärung der psychischen Erscheinungen aus dem einheitlichen Causalzusammenhange der Natur besteht das Bedenken, dass aus einem Mechanismus bewegender Kräfte das Auftreten so ganz heterogener Erscheinungen, wie sie im Bewusstsein sich zeigen, nicht verständlich werde. Mechanische Ursachen haben ihre genau bestimmten mechanischen Wirkungen; was sie ausserdem wirken sollten, sei nicht abzusehen und bleibe in jedem Falle unerklärt.

Nun ist allerdings alles sinnlich Erscheinende dem, was die Wissenschaft als das Objective herausstellt, darin ungleichartig, dass es in der Unmittelbarkeit seines Gegebenseins nicht schon bestimmt und begrenzt, sondern der Bestimmung und Begrenzung im Begriff erst bedürftig ist. Die Zurückführung der gleichsam grenzenlos fliessenden Erscheinung auf identische Bestimmungen, ihre Begrenzung im Gesetz ist überall erst Leistung der Erkenntniss; auf ihr beruht alle Objectivirung der Erscheinung, denn die identische Bestimmung dessen, was das darin Erscheinende ist, gibt eben den Begriff des Gegenstandes. In dem Maasse daher, als eine Erscheinung identisch bestimmbar ist, ist sie auch objectivirbar; und, wenngleich die räumlich-zeitlichen Relationen der Erscheinung, zufolge der Anwendbarkeit exacter Grössenbegriffe auf dieselben, allein einer streng identischen Bestimmung fähig sind und folglich die Natur (der Inbegriff der Objecte) nothwendig als Mechanismus vorzustellen ist, so ist doch principiell keine Erscheinung des Bewusstseins von der Objectivirung ausgeschlossen; auch die empfindbaren Qualitäten lassen sich, mit Hülfe von Quantitätsbestimmungen und mit Rücksicht auf ihre physikalisch-physiologische Verursachung, begrifflich fixiren und mit dem objectiven Geschehen in gesetzmässige Verknüpfung bringen. Die Einheit der Erfahrung verlangt auch nur, dass alles Erscheinende auf eine und dieselbe zu Grunde liegende Objectivität bezogen werde; sie verlangt nicht, dass die Erscheinung als solche auch objectivgültig sei.

Schliesslich aber wird durch alle noch so weit geführte Erklärung der ursprüngliche Gegensatz von Erscheinung und Objectivität nicht aufgehoben. Der letzte Sinn der behaupteten Unmöglichkeit, das Psychische ganz ins Physische aufzuheben, liegt in der Unmöglichkeit, die Erscheinung (unter den Bedingungen unserer Erkenntniss) ganz in Objectivität aufzuheben.

1. Wenn wir die Forderung stellten, das psychisch Erscheinende aus dem einheitlichen Causalzusammenhange der Natur zu erklären, so fragt sich vielleicht doch noch, ob diese Forderung auch erfüllbar sei, ob damit nicht etwa von vornherein Unmögliches verlangt sei. Das scheint sogar fast die vorherrschende Meinung der Psychologen, wie auch vieler Physiologen zu sein, dass der naturwissen-

schaftliche Monismus bei jedem Versuch einer strengen Durchführung auf absolut unüberwindliche Hindernisse stossen müsse. Diese Meinung ist nichts weniger als neu. Schon bei den Alten hat sie ihr Vorspiel; unter den Modernen hat zuerst GASSENDI mit besonderem Nachdruck betont, dass auch der vollständigste Nachweis der äusseren (physikalischen und physiologischen) Bedingungen die Sinnesempfindung, insbesondere die Empfindung der Qualitäten, unerklärt lasse. Schon er hält das Problem für ein solches, welches für menschlichen Verstand überhaupt unauflöslich sei, obgleich er einen durchschlagenden principiellen Grund seiner Unlösbarkeit nicht angibt. In dualistischer Absicht hat dann DESCARTES und seine ganze Schule die Unerklärbarkeit des Bewusstseins überhaupt, insbesondere der Sinnesempfindung und der sinnlichen Qualitäten aus dem nothwendig als Mechanismus zu denkenden Causalzusammenhange der Natur ausgesprochen; der Monismus der Naturauffassung blieb dabei übrigens insofern gewahrt, als die Beziehung zwischen physischen und psychischen Veränderungen doch als eine streng gesetzliche vorgestellt und nur die Begreiflichkeit psychischer Veränderungen aus physischen Ursachen (oder umgekehrt) in Abrede gestellt wurde. Dabei neigt DESCARTES und entschiedener MALEBRANCHE dazu, den Raum, mithin Materie, Bewegung und den ganzen Mechanismus der Natur für blosse Erscheinung anzusehen. Damit nähert sich dieser Standpunkt demjenigen LEIBNIZENS. Derselbe fordert einerseits die strengste, schrankenloseste Durchführung des Princips mechanischer Erklärung, dem auch die gesammte organische Natur, daher auch Empfinden, Denken, Wollen nach ihrer physischen Grundlage sich fügen sollen; behauptet dagegen andrerseits die gänzliche Unerklärbarkeit des Bewusstseins aus der Materie. „Alles geschieht im Körper so, als ob jene schlimme Lehre wahr sei, welche (nach EPIKUR und HOBBES) annimmt, die Seele sei materiell und der Mensch sei nichts als Körper oder Automat. Diese Materialisten haben wirklich gezeigt, dass Alles, was der Mensch mit seiner Vernunft vollbringt, eine Folge mechanischer Vorgänge ist; man hat sich blossgestellt, indem man das Gegentheil hat beweisen wollen, und hat damit nur dem Gegner einen Triumph bereitet." Nichtsdestoweniger wird nichts Psychisches aus mechanischen Ursachen wirklich verständlich. Man denke sich die Uhr oder Mühle, welche Gedanken produciren soll, vergrössert, sodass man hineingehen und jeden einzelnen Theil untersuchen kann; man wird nichts finden als Stücke, die sich gegenseitig stossen; nichts, was die „Perception" (Bewusstheit überhaupt) zu erklären vermöchte; Zusammensetzung ins Grenzenlose, nirgend die „Einheit in der Vielheit", die wir in jedem Bewusstseinsacte erleben. Man führt die verborgenen Qualitäten wieder ein, wenn man der Materie eine Fähigkeit zu denken beilegt. Die Auflösung ist die uns schon bekannte (§ 9): Raum, Materie, Bewegung sind nur Erscheinung, das wahrhaft zu Grunde Liegende sind jene realen „Einheiten" (dynamischen Punkte), welche bei LEIBNIZ der in jeder „Perception" erlebten „Einheit in der Vielheit" durchaus analog zu denken sind, daher zugleich die Grundlagen des Bewusstseins selbst bilden sollen. Dass damit der Dualismus freilich nicht wirklich überwunden, sondern bloss versteckt ist, ersieht man leicht.

Bemerkenswerth ist, wie gerade bei dem consequentesten Materialisten unter den modernen Philosophen, HOBBES, die Unerklärbarkeit des Bewusstseins sich geltend macht. Körper und Bewegung sind nach ihm das einzig Wirkliche, d. h. wissenschaftlich **Erkennbare**. Empfindung, das psychische Grundphänomen, ist ein blosses phantasma, sozusagen eine blosse Begleiterscheinung des körperlichen Geschehens. Nichtsdestoweniger ist das φαίνεσθαι selbst (dass überhaupt etwas erscheint) von allen Phänomenen das merkwürdigste und, wie die Phänomene die Erkenntnissprincipien von Allem, so die Empfindung (die Thatsache des Erscheinens) das Erkenntnissprincip dieser Principien selbst. Daher wird man, wenn es bei HOBBES heisst: Empfindung ist Bewegung, nur verstehen können: sie ist, als Phänomen, auf Bewegung als das zu Grunde liegende Reale zurückzudeuten. Darum bleibt doch Empfindung das zuerst, ja eigentlich allein Gegebene, das „Erkenntnissprincip" auch für Körper und Bewegung selbst, die Realprincipien alles Seins (das πρότερον φύσει).

LOCKE wiederholt die Behauptung der Unerklärbarkeit der Empfindung aus Bewegungen des Körpers, wesentlich im Sinne des DESCARTES'schen Dualismus, den er nur verflacht, indem er offenhält, dass Materie am Ende doch die Fähigkeit haben könne zu empfinden und zu denken, obgleich wir diese Fähigkeit an ihm nicht begreifen. Er nimmt eben an der qualitas occulta keinen Anstoss. BERKELEY wird das Problem auf die einfachste Art los, indem er Körper und Bewegung bloss in der Perception (Empfindung) bestehen lässt. HUME findet von einem neuen Standpunkte in der Unbegreiflichkeit des Psychischen aus dem Physischen kein Problem mehr: nach ihm schliesst überhaupt jedes Ursachverhältniss dieselbe Unbegreiflichkeit ein. Gegeben ist überhaupt nur Succession; eine innere Nothwendigkeit der Verknüpfung zwischen antecedens und consequens ist nicht erweislich. Das Erfolgen psychischer Veränderungen aus physischen Ursachen ist daher nur im gleichen Sinne unbegreiflich, wie jedes andere, auch rein mechanische Causalverhältniss.

KANT (Kr. d. v. V. S. 321 ff.) löst den Dualismus der Substanzen auf in eine blosse Ungleichartigkeit der Erscheinungen im äusseren und inneren Sinn, deren Verknüpfung nach beständigen Gesetzen, vermöge deren sie in der einen Erfahrung zusammenhängen, an sich „nichts Widersinnisches" habe; „sobald wir aber die äussern Erscheinungen hypostasiren, sie nicht mehr als Vorstellungen, sondern in derselben Qualität, wie sie in uns sind, auch als ausser uns für sich bestehende Dinge ansehen, so haben wir einen Charakter der wirkenden Ursachen ausser uns, der sich mit ihren Wirkungen in uns nicht zusammenreimen will, weil jener sich bloss auf äussere Sinne, diese aber auf den innern Sinn beziehen, welche, ob sie zwar in einem Subjecte vereinigt, dennoch höchst ungleichartig sind. Da haben wir denn keine anderen äusseren Wirkungen, als Veränderungen des Orts, und keine Kräfte, als bloss Bestrebungen, welche auf Verhältnisse im Raume als ihre Wirkungen auslaufen. In uns aber sind die Wirkungen Gedanken, unter denen kein Verhältniss des Orts, Bewegung, Gestalt oder Raumesbestimmung überhaupt stattfindet, und wir verlieren den Leitfaden der Ursachen gänzlich an den Wirkungen, die sich davon in dem inneren Sinne zeigen sollten." Allein Körper und Bewegung sind nichts an sich selbst, sondern Erscheinungen, ja „blosse Vorstellungen in uns", und so „läuft die ganze selbstgemachte Schwierigkeit darauf hinaus: wie und durch welche Ursache die Vorstellungen unserer Sinnlichkeit so unter einander in Verbindung stehen, dass diejenigen, welche wir äussere Anschauungen nennen, nach empirischen Gesetzen als Gegenstände ausser uns vorgestellt werden können". Hier werden nun immer noch Erscheinungen des äusseren und inneren Sinnes als durchaus „ungleichartige" angesehen, indem von den „Gedanken" alle Raumbeziehung ausgeschlossen sein soll. Es gibt aber nichts Erscheinendes am Bewusstsein, welches von aller Raumbeziehung sich ablösen liesse; die „Bewusstheit" selbst ist freilich unräumlich, aber sie erscheint überhaupt nicht. Müssen wir hierin also von KANT's Lehre uns entfernen, so beruht doch unsere Auffassung eben auf KANT's Ansicht von dem nothwendigen Wechselverhältniss zwischen dem „äusseren" und „inneren" Sinn und deren Formen· „Raum" und „Zeit"; wie in der eigentlich psychologischen Analyse des räumlichen und zeitlichen Vorstellens (die nicht hierher gehört) sich noch deutlicher herausstellen würde.

Aus nachkantischer Zeit ist wenig Neues über diese Frage zu verzeichnen. Hervorgehoben sei immerhin die energische Betonung der selbständigen Bedeutung des Psychischen bei LOTZE, der dadurch freilich zu einem etwas gemässigten Spiritualismus zurückgeführt wurde; sowie LANGE's eindringende Kritik des Materialismus gerade von Seiten der Unerklärbarkeit des Bewusstseins aus dem Mechanismus. Der neuere Positivismus nimmt so ziemlich HUME's Partei. Von naturwissenschaftlicher Seite endlich sei, weniger seiner selbst wegen denn als Symptom einer unter Naturforschern weitverbreiteten Vorstellungsweise, DU BOIS REYMOND's Vortrag „Ueber die Grenzen des Naturerkennens" in Erinnerung gebracht. Einige bezeichnende Sätze daraus mögen hier als Ausgangspunkt einer näheren Erörterung dienen.

„Bewegung kann nur Bewegung erzeugen, oder in potentielle Energie zurück sich verwandeln, die wieder nur Bewegung erzeugt, statisches Gleichgewicht erhält, Druck oder Zug übt. Die Summe der Energie bleibt dabei stets dieselbe. Mehr als dies Gesetz bestimmt, kann in der Körperwelt nicht geschehen, auch nicht weniger; die mechanische Ursache geht rein auf in der mechanischen Wirkung. Die neben den materiellen Vorgängen im Gehirn einhergehenden geistigen Vorgänge entbehren also für unseren Verstand des zureichenden Grundes. Sie stehen ausserhalb des Causalgesetzes. Es besteht keine denkbare Verbindung zwischen Bewegungen von Gehirnatomen und Empfindung, überhaupt Bewusstsein."

2. Man könnte an diesen Sätzen zunächst formell Einiges aussetzen. Was heisst: es besteht keine „denkbare Verbindung" zwischen Physischem und Psychischem? Offenbar: keine begreifliche, aus „zureichendem Grunde", als nothwendig einzusehende Verknüpfung. Dawider gälte der HUME'sche Einwurf, dass eine Nothwendigkeit der Verknüpfung in keinem Falle eines ursachlichen Verhältnisses einzusehen sei, auch nicht zwischen bloss physischen Ursachen und Folgen, was für alle besonderen Causalverhältnisse ja auch KANT zugibt. Allein es besteht darum doch mit unverbrüchlicher Nothwendigkeit und Allgemeingültigkeit das Causalgesetz; daher wir den Ausdruck nicht zugeben können, dass, weil zwischen materiellem und geistigem Geschehen keine Nothwendigkeit der Verknüpfung einzusehen ist, das letztere „ausserhalb des Causalgesetzes" stände.

Indessen erkennt man leicht die zu Grunde liegende Meinung, die sich am klarsten in dem Satze ausspricht, dass die mechanische Ursache in der mechanischen Wirkung „rein aufgehe". Das ist gewiss: genau bestimmte mechanische Bedingungen werden mit genau bestimmten mechanischen Erfolgen auf streng gesetzmässige Art verknüpft gedacht. Diese Verknüpfung mag nicht schlechthin a priori verständlich sein, sie fügt sich jedenfalls unter Gesetze von sehr einfacher, zugleich exacter Form, wie das Gesetz von der Erhaltung der Energie. Die Bestimmtheit des gesetzlichen Zusammenhanges von antecedens und consequens ist in der That das Einzige, was die „Nothwendigkeit" der ursachlichen Verknüpfung Triftiges bedeuten kann. Nothwendigkeit, das Nicht-anders-sein-können, bedeutet positiv nur die gesetzmässige Bestimmtheit des wirklichen Eintritts eines consequens, wann und wo immer gewisse antecedentia gegeben sind. Diese Bestimmtheit ist gegeben im mechanischen Ursachverhältniss, weil hier Bedingung und Folge „gleichartig" sind, nämlich hinsichtlich der Art ihrer Bestimmbarkeit sich gleich verhalten, unter gleichen Bedingungen stehen; sie sind nach gleichem Maasse messbar, daher miteinander in Rechnung zu stellen. Sogar wird die Ursache (mechanische Kraft) selber gemessen durch ihre Wirkung (den mechanischen Effect), und wird dadurch allein zu einer genau bekannten, bestimmbaren Grösse; deswegen wissen wir genau, welche Leistungen wir einer gegebenen

Kraft beimessen dürfen, weil eben ihre genau bemessene Leistung es war, welche den Begriff von ihr gab. Das ist der Vorzug des mechanischen Kraftverhältnisses, der es befähigt, dem allgemeinen Begriff der Verursachung (Gesetztsein eines consequens durch ein gegebenes antecedens) einen völlig bestimmten Gehalt zu geben und ihn zum Instrument einer wirklichen, positiven Erkenntniss zu machen. Muthet man der mechanischen Ursache ausser diesen bekannten, genau bemessenen Leistungen noch weitere, ganz ungleichartige, nämlich nicht in gleichem Sinne und nach gleichem Maasse messbare Leistungen zu, so entsteht Gefahr, dass jener klar bestimmte Sinn des Ursachverhältnisses überhaupt ins Wanken geräth. Deswegen sind Naturforscher mit gutem Grunde vorsichtig damit, psychische Effecte an physische Ursachen zu heften; sie fürchten, wie LEIBNIZ, die Rückkehr zu den qualitates occultae, und erklären lieber, was in den Mechanismus nicht restlos aufgeht, für einen dem wahren, objectiven Geschehen gleichsam anhängenden unwahren Schein. Nun ist freilich eine Sache nicht damit aus der Welt geschafft, dass man sie für Schein erklärt; der Schein behauptet sich, ja er bildet zuletzt die Grundlage auch unserer realsten Erkenntnisse. Von Materie und Bewegung wüssten wir nichts, kennten wir sie nicht durch ihre Einwirkung auf unsere Sinne. Die Naturforscher, welche dem Psychischen am liebsten alle reale Bedeutung absprechen möchten, wissen doch andrerseits sehr gut, dass ihre Wissenschaft auf der Erfahrung, das heisst aber, der sinnlichen Erscheinung, beruht. Das Verhältniss muss also wohl in anderer Weise bestimmt werden.

3. Wir wären gewiss die Letzten, den Vorrang der Quantitätsbestimmungen (zuletzt durch Raummaasse) zu bestreiten. Das Erkenntnissgesetz des Exacten ist seit KEPPLER und GALILEI ein unveräusserlicher Besitz moderner Naturerklärung; auf Grund dessen ist sie nothwendig mechanisch.

Allein es ist eben ein Erkenntnissgesetz, ein Gesetz unserer Begriffe, welches diesen Vorrang begründet. Exactheit besteht eigentlich nur in Begriffen, sie ist überall erst Resultat des Erkenntnissprocesses. Gesetze können exact sein, die unmittelbare Erscheinung ist es, vor ihrer Bestimmung im Gesetz, niemals. Die Erscheinung ist gleichsam fliessend, in sich grenzen- und bestimmungslos, der Begrenzung und Bestimmung erst bedürftig, welche der Begriff (im Gesetz) eben leistet. Wissenschaft ist es, welche, „was in schwankender Erscheinung schwebt, befestiget mit dauernden Gedanken." Die dauernden Gedanken sind die Gesetze; in ihnen, aus ihrem Gesichtspunkt erst wird die Erscheinung selbst „festgestellt", im Begriffe begrenzt.

Und zwar stehen darin ursprünglich alle Erscheinungen auf gleicher Stufe. Es gibt überhaupt keine andere Grundlage auch unserer objectivsten Erkenntniss als die in sich bloss „subjective" Erscheinung; andrerseits kann und muss alles Erscheinende, Subjective irgendwie auf ein Seiendes, Objectives zurückgedeutet werden. Bestimmung überhaupt, begriffliche Fixirung, Reduction auf „beharrliche" Factoren, auf Einheiten, identisch festzuhaltende Grundlagen ist Forderung aller Wissenschaft, Voraussetzung alles Begreifens, Sinn aller Erklärung. In dem Maasse als eine jede Erscheinung identisch fixirbar ist, hat sie Theil an der Objectivität. Die identische Bestimmung dessen, was das Erscheinende „ist", das ist die Erkenntniss des Gegenstands.

Das Erkenntnissgesetz des Exacten ist nun nichts weiter als die strengste Form, zu der das allgemeinere Erkenntnissgesetz der **identischen Bestimmung** sich durch die Arbeit der Wissenschaft seit den Anfängen der Neuzeit hindurchgearbeitet hat. Auf der Forderung streng identisch festzuhaltender Grundfactoren beruht, durch Erfüllung dieser Forderung legitimirt sich die mechanische Auffassung des Naturzusammenhanges. Für diese Auffassung existirt nichts Reales als die Materie, das beharrliche Substrat der wechselnden Zustände des Gleichgewichts und der Bewegung, selbst nur charakterisirt als ein constanter Factor in der gesetzmässigen Verursachung solcher Veränderungen. Im System des Mechanismus ist nichts, was nicht genau bestimmt wäre, und zwar quantitativ durch Raum- und Zeitmaasse; dies sind in der That die einzigen Bestimmungen, welche ursprünglicher Weise exact sein können.

Mittelbar, mit Zugrundelegung schon festgestellter mechanischer Zusammenhänge, und unter Voraussetzung einer gesetzartigen Entsprechung mit einem Mechanismus der Bewegungsvorgänge, wird jedoch auch dasjenige an der Erscheinung, was unmittelbar nicht unter exacte Grössenbegriffe fällt, bis zu einem gewissen Grade bestimmbar; so bestimmen wir Farben und Töne durch die Zahl periodischer Schwingungen elastischer Medien.

Unmittelbar durch sich selbst sind dagegen die „Qualitäten" der Empfindung wie Farbe und Ton irgend streng festzuhaltender Bestimmungen nicht fähig. Man meinte sie selbständig bestimmen zu können durch Feststellung der Zahl ebenmerklicher Empfindungsunterschiede zwischen gegebenen Reizgrenzen. Allein die Inexactheit solcher Bestimmungen folgt zwingend aus dem Gesetze der Schwelle. Der Reiz bzw. Reizunterschied kann eine bestimmte Höhe erreichen, ohne dass eine Empfindung bzw. ein Empfindungsunterschied merklich wird. Wollten wir also die nicht mehr merklich verschiedenen Empfindungen gleich nennen, so liesse sich solche Gleichheit doch nicht nach strengen Begriffen denken, daher auch nicht auf mathematischen Ausdruck bringen; wir würden mit den einfachsten Rechnungsregeln in Conflict kommen. Man theile z. B. die Tonreihe so ab, dass jede Stufe von der nächstfolgenden für unser Gehör ununterscheidbar ist, während bei Uebersringung einer oder einiger Stufen ein Unterschied merklich wird; bezeichnen wir dann die einzelnen Stufen mit a, b, c..., so erhielten wir das Resultat, dass a = b, b = c, c = d etc. und doch nicht a = c oder = d etc. wäre.

Man würde aber fehlgehen, wenn man glaubte, dass diese Inexactheit bloss der Empfindung der Qualitäten eigen sei; sie ist allgemein der Empfindung eigen. PLATON hatte Recht, das Sinnliche als das Unbegrenzte (im Begriff erst zu Begrenzende) zu definiren. Auf die Empfindungsschätzung der Raumgrössen findet die vorige Betrachtung so gewiss Anwendung, als auch für sie das Schwellengesetz gilt. Es gibt kleinste Unterschiede des sinnlich Auffassbaren, wogegen es keine kleinsten, sondern ins Unendliche kleinere und kleinere Unterschiede der Raum- und Zeitgrösse gibt, wie wir sie nach mathematischen Begriffen denken, und zwar nothwendig denken. Alle Exactheit der Grössenbegriffe beruht auf der Voraussetzung der unendlichen Theilbarkeit; so gewiss also die sinnliche Unterscheidungsfähigkeit überhaupt eine Grenze hat, ist die Empfindung keiner Exactheit fähig.

Wie sollen wir es denn verstehen, dass andrerseits doch auch unsere exactesten wissenschaftlichen Erkenntnisse auf den Phänomenen, mithin auf Empfindung, nicht auf reinen mathematischen Begriffen allein, beruhen? Das ist nur möglich durch ein hypothetisches, abstrahirendes, reductives Verfahren. Wir legen der Erscheinung abstracte, doch genau bestimmte, mathematisch ausdrückbare ursachliche Beziehungen zu Grunde; diese geben den Ausdruck des reinen Gesetzes; die wahrnehmbaren Abweichungen bedürfen dann natürlich weiterer Erklärung, etwa der Annahme fernerer mitwirkender Factoren, von denen im Ausdruck des reinen Gesetzes zunächst abstrahirt werden mag. Solche Reduction führt weiter und weiter; sie führt principiell zu keinem Abschluss, denn wenn die jetzt bekannten Phänomene in den angenommenen Ursachen auch wirklich ohne Rest repräsentirt wären, so bliebe doch immer möglich, dass bei noch genauerer Wahrnehmung eine fernere Abweichung sich herausstellte. Daher kann weder das Naturgesetz jemals in den Phänomenen, noch folglich die Phänomene im Gesetz rein und bedingungslos ausgedrückt sein. Gesetze sind nothwendig exact, die erfahrbare Thatsache kann es niemals sein. Trotzdem ist die Thatsache die Basis der Gesetzeserkenntniss, und will das Gesetz nichts als eben die Thatsache ausdrücken. Beide beziehen sich nothwendig auf einander, können aber nie zur Deckung gebracht werden.

4. Stehen nun alle Erscheinungen sich darin ursprünglich gleich, dass sie nicht, unmittelbar so wie sie erscheinen, schon bestimmte, feststehende, sondern erst zu bestimmende, festzustellende Grössen sind, so werden sie auch darin sich gleichstehen müssen, dass sie durch jenes reductive Verfahren alle in irgendeinem Maasse auf identische Bestimmungen gebracht, mithin objectivgültig gemacht werden können.

Wie verfährt man denn bei aller empirischen Raummessung? Ein jeder durch Empfindung gegebene Unterschied muss in den objectiven (physikalischen und physiologischen) Ursachen repräsentirt sein; wo hingegen ein Unterschied für die Empfindung nicht merklich ist, da ist doch in den objectiven Ursachen ein Unterschied möglich, der nur etwa zu klein ist, um noch empfunden zu werden. Nach gleicher Voraussetzung wird man für empfindbare Qualitätsunterschiede nothwendig auch Unterschiede in den objectiven Ursachen voraussetzen und solche nachzuweisen suchen; nicht aber, wo kein Unterschied empfindbar ist, den Schluss wagen, dass auch objectiv keiner vorhanden sei. Auch das macht hier keinen Unterschied, dass wir der Unsicherheit unserer empirischen Messungen und Schätzungen der Raumgrösse durch Kunstmittel (Mikroskope z. B.) bis zu einem gewissen Grade aushelfen können, während es an einem entsprechenden Mittel, Unterschiede der Qualität, die für unsere Sinne nicht mehr auffassbar sind, auffassbar zu machen, offenbar fehlt, die Grenze unserer Auffassungsfähigkeit vielmehr durch die Einrichtung des Organs unabänderlich gegeben ist. In der That verändert ja auch das Mikroskop nicht unsere Sehfähigkeit, es verändert nur die äusseren Bedingungen, unter denen das Object sich unserer Wahrnehmung darbietet.

Allerdings besteht ein radicaler Unterschied zwischen Qualitäten und Quantitäten; für diese gilt, für jene gilt nicht die Strenge der mathematischen Begriffe. Unendlichkeit und Stetigkeit haben für die Sinnesqualitäten keine fassliche Bedeutung. Es kostet uns nichts, jenseits des fernsten durch Beobachtung oder Berechnung erreichbaren Gestirns noch Welten und Welten von Welten wie die unsere anzunehmen; oder auch im Kleinsten, das wir mit Hülfe des schärfsten Mikroskops noch wahrnehmen mögen, Welten und Welten von Welten eingeschlossen zu denken; dagegen vermöchten wir nicht nur eine einzige Farbe oder einen Ton zu erdenken, der uns nicht durch Sinne gegeben wäre. Der Grund liegt in der Gleichartigkeit, mithin Vertauschbarkeit der Relationen unter blossen Grössen, welche gestattet, ein Vielfaches beliebig wieder als Einheit, eine gewählte Einheit als Vielfaches zu betrachten, wogegen die Qualitäten der Empfindung absolute Data sind. So durchgreifend aber dieser Unterschied ist, so unstreitig damit der Vorrang der objectiven Gültigkeit den durch exacte Begriffe fasslichen Relationen des Raumes und der Zeit zufällt, so beruht doch dieser Vorzug eben nicht auf der Empfindungsschätzung der Raum- und Zeitgrössen, die vielmehr in sich ebenso inexact ist wie die Wahrnehmung der Qualitäten; sondern sie beruht auf der Natur und Gesetzmässigkeit dieser Relationen selbst, auf ihrer Begriffsgemässheit, um mich so auszudrücken. An sich zwar fügen sich die Qualitäten der Herrschaft des Begriffs nicht schwerer als die unmittelbare sinnliche Auffassung der Grössenbeziehungen; aber jene wollen sich nur fassen und zum Begriff erheben lassen auf Grund der schon vollzogenen Begriffsfassung der räumlich-zeitlichen Relationen; daher sie nur mittelbar, durch Quantitätsbestimmungen, die mit ihnen in Beziehung stehen, eines gesetzmässigen Ausdrucks und damit einer Art von Objectivirung fähig sind. Sagt man, es bestehe keine streng gesetzmässige Beziehung zwischen Quale und Quantum, weil beide überhaupt nicht unter einerlei Begriff und Maass fallen, so ist zu erwiedern: in dem Sinne, wie dies richtig sei, besteht auch keine strenge, etwa durch eine stetige Function auszudrückende Beziehung zwischen empfindbaren und objectiven Unterschieden blosser Quantität. Die Ungleichartigkeit besteht nicht sowohl zwischen Quale und Quantum, als zwischen Empfindung und (reinem, mathematischem) Begriff. Diese Ungleichartigkeit ist in der That nicht wegzuschaffen, aber sie hindert nicht eine Begriffsfassung überhaupt, welche τὰ φαινόμενα σώζει, sondern hindert nur eine bedingungslose Erkenntniss des Empirischen und zwar alles Empirischen. Die Einheit der Erfahrung schreibt vor, dass alles Erscheinende auf eine einheitliche Ansicht des Objects zurückbezogen werde; sie schreibt aber nicht vor, dass die Erscheinung sich in die Objectivität rein und ohne Rest aufheben lasse. Das ist vielmehr der Charakter der Erscheinung, dass sie einer fortschreitenden Reduction auf begriffliche Einheiten fähig ist, zwar ohne Grenzen, aber auch ohne Abschluss. Die Objectivirung der Erscheinung ist eine „unendliche Aufgabe"; der „Gegenstand" bleibt immer das gesuchte X.

5. Hält man sich dies gegenwärtig, so wird man überhaupt kein Problem mehr darin finden, dass aus der Voraussetzung des Mechanismus nicht nur das Auftreten von Bewusstsein überhaupt, sondern auch die bestimmten Gestaltungen desselben sich nicht wollen erklären lassen. Das Erstere ist für uns selbstverständlich; Bewusstheit überhaupt, die „Perception" als solche, oder das seltsame Phänomen, dass überhaupt etwas erscheint, ist freilich weder aus einem Mechanismus noch aus irgendeiner anderen Voraussetzung zu verstehen, da es vielmehr selbst, wie HOBBES richtig sah, die erste Voraussetzung zu allem Andern ist. Es kann sich für uns niemals darum handeln, das Bewusstsein aus dem Unbewussten zu erklären, sondern nur umgekehrt, zu zeigen, wie, nach welchen Gesetzen unserer Erkenntniss, Erscheinungen, die doch nur im Bewusstsein gegeben

sind, sich auf den „Gegenstand" beziehen lassen, in dessen Begriff von aller Bewusstheit nothwendig abstrahirt wird. Setzen wir aber, wie wir müssen, die Bewusstheit als unbedingtes Datum voraus, so finden wir ferner keine Ungleichartigkeit, als die in jenem Dualismus der Erkenntnissbedingungen begründet liegt, auf den der vermeinte Dualismus des Geschehens sich reducirte, der jedoch mit dem Monismus der Erfahrung nicht streitet. Wir haben alsdann gar nicht mehr ein doppeltes **Geschehen**, sondern nur einen Unterschied der subjectiven **Gültigkeit** des bloss Erscheinenden und der objectiven des empirisch Realen. Dieser Gegensatz, der ferner auf den des in sich Bestimmungslosen und dessen Bestimmung im Begriff sich reducirt, ist unter den Bedingungen unserer Erkenntniss unaufheblich, da er eben nur deren fundamentale Bedingtheit ausdrückt.

Somit bleibt es bestehen, dass die wissenschaftliche **Erklärung** der psychischen Erscheinung nur ihre **Objectivirung** zum **Naturvorgang** bedeuten kann und allein nach der Methode der Naturwissenschaft möglich ist.

§ 13.

Fällt demnach alle gesetzmässige Erklärung der Bewusstseinserscheinungen der Naturwissenschaft zu, so fragt sich, welcher eigenthümliche Weg der Untersuchung für die Psychologie übrigbleibt.

Ein solcher ergibt sich aus der Erwägung, dass zwar alle gegenständliche Vorstellung ein Unmittelbares im Bewusstsein voraussetzt, dies Unmittelbare aber keineswegs auch für die Erkenntniss unmittelbar, sondern aus der immer schon irgendwie objectivirten Vorstellung erst zu reconstruiren ist. Die Reconstruction des Unmittelbaren, schlechthin Gegebenen im Bewusstsein ist eine durchaus eigenthümliche Aufgabe, und zwar die Aufgabe der Psychologie, zufolge der Begriffsbestimmung (§ 6), wonach das bloss subjective Dasein der Erscheinung, vor aller Objectivirung, ihr psychisches Dasein ist. Während also die objective Wissenschaft constructiv ist, d. h. aus dem Gegebenen die Einheiten der Auffassung (die Begriffe) schafft, dem in sich Bestimmungslosen die Festigkeit der Bestimmung, und damit der Erscheinung den Gegenstand gibt, ist die Aufgabe der

Psychologie eine reconstructive; sie restituirt aus den objectiven Einheiten der Wissenschaft das psychisch Ursprüngliche als das Phänomen letzter Instanz, und leitet so die gegenständliche Vorstellung auf ihre subjectiven Quellen im Bewusstsein zurück. Erst in der Vereinigung beider Leistungen vollendet sich die Arbeit der Erkenntniss, indem das objective Verständniss der Phänomene aus dem Gesetz ergänzt wird durch das Verständniss der Gesetze selbst und aller dadurch geleisteten Objectivirung aus subjectiven Gründen im Bewusstsein.

Uebrigens beschränkt sich die Aufgabe der Psychologie nicht auf die subjective Auflösung der wissenschaftlichen Vorstellung des Objectiven. Auch die ganze nichtwissenschaftliche Vorstellung der Dinge, ja selbst die freien Dichtungen der Phantasie schliessen eine nur unvollkommenere Objectivirung ein. Desgleichen besteht in dem gesammten Gebiete des Fühlens, Begehrens und Wollens mindestens die Tendenz der Objectivirung. So ergibt sich für alle diese Gebiete die gleiche Aufgabe der Reduction der immer schon irgendwie objectivirten Vorstellung auf das Unmittelbare des Bewusstseins.

1. Nachdem alle ursachliche Erklärung des im Bewusstsein Erscheinenden der Naturwissenschaft zugewiesen worden, läge es nahe, für die Psychologie als eigenthümliche Aufgabe die blosse Beschreibung des Thatbestandes des Bewusstseins zu bestimmen; man unterscheidet doch Erklärung und Beschreibung, erklärende und beschreibende Wissenschaften. Bekanntlich ist dies der Standpunkt, den KANT einnahm. Er führt [1]) den Satz durch, dass in jeder Disciplin nur soviel eigentliche Wissenschaft sei, als darin Mathematik anzutreffen ist; Chemie ist, solange sie einer sicheren mathematischen Begründung entbehrt, nicht eigentliche Wissenschaft (Theorie), sondern eine blosse Experimentallehre; empirische Psychologie bringt es nicht einmal so weit, weil sie, abgesehen von der fast auf nichts reducirten Anwendbarkeit der Mathematik auf psychische Erscheinungen, auch nicht einmal des Experiments fähig ist; es bleibt daher für sie nichts übrig als eine blosse soviel als möglich systematische Naturbeschreibung der Seele. Psychologie ist eine

---

[1] Metaph. Anfangsgründe der Naturwissenschaft, Vorrede.

bloss descriptive Wissenschaft. Gegen diese Bestimmung lässt sich mancherlei einwenden. Es wurde bereits bemerkt, dass es gar nicht möglich sei, Thatsachen sicher zu constatiren ohne Rücksicht auf den ursachlichen Zusammenhang; und zum wenigsten will man doch Thatsachen beschreiben, nicht blosse Einbildungen. Auch pflegen sonst nicht die Aufgaben der Beschreibung und Erklärung in der Art getrennt zu werden, dass jede einer besonderen Wissenschaft zufällt. Die Beschreibung soll doch, wofern sie in wissenschaftlicher Absicht unternommen wird, bloss als Vorbereitung zur ursachlichen Erklärung dienen; die Aufgabe der Erklärung bestimmt zugleich die Gesichtspunkte für die Beschreibung. KANT selbst fordert eine „soviel möglich systematische" Beschreibung; wo soll aber so etwas wie ein System herkommen ohne Gesetze oder ein Analogon davon? Man beschreibt durch allgemeine Ausdrücke; solche setzen, wofern sie wissenschaftlich irgendetwas gelten sollen, schon erkannte Gesetze, wenigstens allgemeine Thatbestände voraus.

In der That hat auch die Psychologie sich nicht entschliessen können, sich auf blosse Beschreibung zu beschränken. Sie strebt „genetisch" vorzugehen, die psychischen Producte möglichst auf ihre einfachsten Factoren zurückzuführen, die „Entwicklung" des Seelenlebens aus keimartigen Anfängen, aus gegebenen, möglichst elementaren Anlagen zu verfolgen, und zwar nicht nur im Einzelleben, sondern auch im Leben der Völker, schliesslich der Menschheit. KANT selbst verhält sich zu dieser Auffassung der Aufgabe der Psychologie als einer entwicklungsgeschichtlichen wenigstens nicht ganz abweisend, aber er hält sie, wie es scheint, für eine bloss descriptive. Das ist gewöhnlich nicht die Meinung; man will nicht bloss „historisch" von den entwickelteren Gestaltungen des Bewusstseins zu ursprünglicheren zurückgehen und die zusammengesetzteren Erscheinungen in ihre möglichst einfachen Elemente zerlegen; man will das Einfache als das causale, nicht bloss zeitliche Prius, als Voraussetzung oder Bedingung für die höheren Gestaltungen begreifen. Mag auch dabei zu strengen Gesetzen nicht zu gelangen sein, umfassende Verallgemeinerungen wenigstens sind möglich; und man pflegt ja sonst nicht das Mögliche zu verachten, weil ein Mehreres, welches an sich wünschenswerth wäre, nicht zu erreichen ist.

Gegen die entwicklungsgeschichtliche Erforschung der Bewusstseinsphänomene ist nun in der That nichts einzuwenden; auch dagegen nicht, dass man dabei nicht bloss „historisch" vorgehen, sondern auf Erkenntniss causaler Zusammenhänge hinarbeiten will. Nur muss man sich klar sein, dass eine solche Psychologie Naturwissenschaft entweder schon ist oder es zu werden bestimmt ist. Wie der Uebergang sich jetzt schon zu vollziehen beginnt, zeigt klärlich die Physiologie der Sinnesthätigkeiten, insbesondere die physiologische Optik. In dieselbe ist ziemlich Alles, was die Psychologie über die Sinnesthätigkeit Brauchbares liefert, aufgenommen, dadurch aber erst aufgeklärt, auf bestimmteren Sinn, auf einen festeren Boden der Begründung gebracht worden. Man mag die physiologischen Begriffe von Empfindung, Erfahrung u. s. w. psychologisch nennen, weil sie die Erinnerung an die Bewusstheit noch bewahren; aber sie sind ein für allemal unter die Controle der Physiologie gestellt; die Brauchbarkeit für die Physiologie entscheidet über die correcte Fassung dieser Begriffe, wie überall die Brauchbarkeit für den Zweck der Erklärung über die Correctheit der Begriffsfassung der zu erklärenden Thatsachen entscheidet. Die Erklärung des Psychischen ist eben nothwendig physiologisch. Es muss doch klar sein, wie unhaltbar hier eine Repartition der Art wäre, dass die Constatirung, Beschreibung, begriffliche Präcisirung der Thatsachen der Psychologie, die Erklärung der Physiologie zufiele; vollends von einer, in einem zulässigen Sinne selbst psychologisch zu nennenden Erklärung zu sprechen, dazu fehlt es an jeder soliden Grundlage. Eine bloss psychische Verursachung, zu der jedes physische Correlat fehlte, würde der Physiologe wie eine Art theoretisches Gespenst ansehen, dem man so lange zu Leibe zu gehen habe, bis es entweder überhaupt verschwunden ist, oder sich als ein ganz natürliches, physiologisch fassbares Ding herausgestellt hat.

Manche Gebiete freilich sind der physiologischen Erforschung entweder überhaupt oder wenigstens einstweilen nicht, oder nur in sehr beschränktem Maasse zugänglich. Wir werden ja wohl nie in der Lage sein, die Gehirnprocesse des lebenden Menschen directer Beobachtung unterwerfen zu können. Daher bleibt für eine nicht eigentlich physiologische — daher scheinbar psychologische Ursachenforschung immer ein gewisser Spielraum übrig. Allein erstens wird man streben, diesen Spielraum möglichst zu Gunsten der Physiologie zu verengen; und dann müsste ein etwa auf rein psychischer Seite constatirter gesetzartiger Zusammenhang doch immer auf zu Grunde liegende physische Ursachen, wenngleich nur hypothetisch, reducirt werden; er müsste als ein blosser Hinweis auf ein noch zu erforschendes Ursachverhältniss angesehen werden, welches, wenn erkannt, sich nothwendig als ein physiologisches herausstellen müsste. Für die sogenannten „Gesetze" der Ideenassociation haben deren Begründer physiologische Ursachen, und zwar als selbstverständlich, vorausgesetzt und nur im Hinblick auf solche sie als „Gesetze" zu bezeichnen gewagt, nicht aber beabsichtigt, eine rein psychische Causalität einzuführen.

2. Noch auf directerem Wege übrigens lässt sich die Auffassung, als ob die Aufgabe der Psychologie in der Beschreibung der psychischen Thatsachen bestände, als irrig erkennen. Um es schroff zu sagen: der unmittelbare psychische Thatbestand lässt sich, im sonst üblichen Sinne, so wenig beschreiben wie erklären. Was heisst „unmittelbarer psychischer Thatbestand"? Das subjective Gegebensein der Erscheinung, vor aller objectiven Bestimmung. Was aber schlechthin aller objectiven Bestimmung vorausliegt, mithin noch ein gänzlich Bestimmungsloses ist, wie liesse sich das wohl beschreiben? Beschreiben heisst schon Bestimmen. Deshalb und nur deshalb ist die Beschreibung eine wissenschaftliche Leistung und kann von descriptiver Wissenschaft die Rede sein, weil sie bereits Begrenzung und Bestimmung einschliesst. Allein eben deshalb liefert auch sie nicht mehr das schlechthin Gegebene der Erscheinung, mithin nicht ihr rein psychisches Dasein.

Bestimmen heisst objectiviren, so constatirten wir schon; in dem Maasse, wie wir die Erscheinung begrifflich bestimmen, objectiviren wir sie. Somit enthält auch die blosse Beschreibung schon eine Objectivirung auf erster Stufe; und der Satz, dass die Wissenschaft bei der Beschreibung nicht stehen bleiben kann, sondern zur Erklärung fortschreiten muss, besagt eigentlich, dass man auf der ersten Stufe der Objectivirung nicht stehen bleiben, dass, wer A gesagt, auch B sagen muss. Und der Lieblingssatz der Positivisten, dass alle Erklärung in der That Beschreibung sei, nämlich Beschreibung allgemeiner, nicht einzelner Thatsachen, würde richtiger so lauten, dass die objectiv gültige Feststellung der Einzelthatsache und deren Reduction auf einen allgemeinen Thatbestand zusammengehörige, auf ein einziges Ziel, nämlich die gültige Bestimmung des **Gegenstandes** gerichtete Leistungen sind.

Die Bestimmung des Gegenstandes aber ist Sache der objectiven Wissenschaft; welcher eigenthümliche Weg der Forschung bleibt denn nun der Psychologie übrig?

3. **Dass das subjective Gegebensein der Erscheinung, vor aller Objectivirung, das eigenthümliche Problem der Psychologie sei**, wurde längst (§ 6) festgesetzt. Es fragt sich jetzt, **wie denn diesem Problem überhaupt beizukommen, wie das in sich Bestimmungslose überhaupt bestimmbar sei, ohne ebendamit schon eine Objectivirung zu erfahren?**

Soviel ersieht man sofort: unmittelbar lässt sich dem schlechthin Gegebenen des Bewusstseins überhaupt nicht beikommen. Das Unmittelbare des Bewusstseins lässt sich nicht auch unmittelbar fassen und beobachten. Jede vermeintlich unmittelbare Beobachtung des Erlebten ist bereits Reflexion; als in der Selbstbeobachtung reflectirt, ist aber das Unmittelbare schon nicht mehr das Unmittelbare.

Bereits wurde der Irrthum bekämpft, als ob das in sich Einfache, Elementare des Bewusstseins darum auch das psychisch Unmittelbare, Ursprüngliche, alle Verbindung und Zusammensetzung hingegen nothwendig abgeleiteter Natur sei. Dieser Irrthum beruht auf der eben hier bestrittenen Meinung, als ob, was der Reflexion als Unmittelbares erscheint, darum auch das wahrhaft Unmittelbare des Bewusstseins sei. Man vergisst, dass die Reflexion auf den Inhalt des unmittelbaren Bewusstseins nothwendig eine analysirende, gleichsam chemisch zersetzende Wirkung übt; und das um so mehr, je schärfer, je absichtlicher sie angestellt wird. Reflexion ist gleichsam die Fixirung des Blicks auf ein bestimmtes Moment des Erlebten, sie schliesst daher immer eine Abstraction ein. Um aus dem Reflex in unserer Beobachtung das Unmittelbare des Bewusstseins zu restituiren, müssen wir diese Eigenheit der reflectirenden Betrachtung erst gleichsam wieder unschädlich machen, müssen das Werk der Analyse, das sich meist ganz unvermerkt vollzieht, ausdrücklich wieder ungeschehen machen. Nur auf diese mittelbare Art lässt sich dem Unmittelbaren des Bewusstseins überhaupt beikommen. Uebrigens geht dabei das Werk der Analyse keineswegs verloren; vielmehr nur, nachdem durch analysirende Betrachtung die Einzelbestandtheile einer Complexion deutlich herausgestellt sind, ist es möglich, die Complexion, wie sie vor der Analyse gegeben war, ihrem Inhalt nach zu bestimmen. Gerade, je reinlicher und bewusster die Abstraction durchgeführt wird, um so ersichtlicher wird es, dass die Elemente in der That nie verbindungslos gegeben waren, sondern erst durch eine, nur in der Regel nicht zu Bewusstsein kommende Analyse aus der ursprünglichen Verbindung gelöst worden sind. In letzter Instanz sind es daher die reinen Abstractionen, auf denen die objective Wissenschaft beruht, welche zugleich die Grundlage für die Reconstruction des Unmittelbaren im Bewusstsein bilden müssen (vgl. § 15).

Auf Grund dieser Erwägung ergibt sich denn eine durchaus specifische, von der der Naturwissenschaft grundverschiedene Methode der psychologischen Forschung: die Reconstruction des Unmittelbaren im Bewusstsein aus dem, was daraus gestaltet wurde: aus den Objectivirungen, wie sie die Wissenschaft, und vor aller Wissenschaft, ohne jede bewusst darauf gerichtete Absicht, die alltägliche Betrachtung der „Dinge" vollzieht; welche Reconstruction nur so möglich ist, dass wir die Objectivirung in Gedanken wieder ungeschehen machen, das durch Abstraction Isolirte in seine ursprünglichen Verbindungen wieder versetzen, das Vergegenständlichte auf die Stufe bloss subjectiven Gegebenseins zurückdeuten. Während alle objective Betrachtung, die wissenschaftliche wie die unwissenschaftliche, aus gegebenen Erscheinungen Gegenstände macht, reconstruirt die Psychologie aus den Gegenständen, wie wenn sie das Gegebene wären, die Erscheinung. Das Verhältniss von Erscheinung und Gegenstand kehrt sich für sie geradezu um: was Object war, ist das zu erklärende Phänomen geworden; was das Phänomen war, woraus das Object erkannt werden sollte, ist jetzt das eigentliche, zu erkennende Object.

4. Dass solche Reconstruction eine wirkliche und nicht ganz leichte Aufgabe ist, wird am klarsten, wenn man darauf achtet, wie unmittelbar und unvermerkt sich die Objectivirung für gewöhnlich

vollzieht. Schon jede Benennung, jede Fixirung des Blicks, ich möchte sagen, jeder Fingerzeig, kurz jede noch so entfernt auf ein Erkennen gerichtete Function schliesst wenigstens den Versuch der Objectivirung ein. Ohne eine ganz eigens auf die Subjectivität des Erscheinens gerichtete Reflexion achten wir überhaupt nur auf Gegenstände, d. h. wir objectiviren, wir suchen zu erkennen. Es ist eine **ganz neue Zumuthung**, welche die Psychologie stellt, einmal gar nicht erkennen, nicht ein bestimmtes **Was**, d. h. ein **Object** aus der Erscheinung herauskennen zu wollen, sondern das Erscheinende festzuhalten, wie es vor aller Erkenntniss und aller Absicht des Erkennens gegeben ist. Diese Zumuthung erscheint zunächst befremdend und widersinnig; sie scheint zu besagen, dass man erkennen solle, ohne doch zu erkennen. Wirklich ist die Aufgabe nur als eine reconstructive zu begreifen: aus dem irgendwie schon erkannten Gegenstande allein lässt sich die Erscheinung als subjectiver Grund dieser Erkenntniss reconstruiren.

Dem natürlichen Bewusstsein gilt es als selbstverständlich, dass Gegenstände zuerst da und gegeben, das Wahrgenommenwerden oder Erscheinen secundär ist. Dies erklärt sich eben daraus, dass die Reflexion auf die Subjectivität der Erscheinung secundär, die Reflexion auf den Gegenstand durchaus die näherliegende, natürlichere ist. Auf das φαίνεσθαι selbst als das merkwürdigste aller Phänomene zu achten wird man allenfalls veranlasst, wo der Versuch der Objectivirung fehlschlägt, wo eine Täuschung sich entdeckt. Dann geht uns zuerst der Begriff von einem Dasein der Erscheinung auf, welches vom Dasein des darin erscheinenden Gegenstands nicht bloss verschieden, sondern wohl gar früher gegeben sei. Fortan wird, namentlich in wissenschaftlicher Absicht, Erscheinung und Gegenstand unterschieden, ja als Princip aufgestellt, dass überhaupt nur die Erscheinung gegeben, der Gegenstand immer erst Problem, erst wissenschaftlich festzustellen sei.

Nicht ohne Absicht haben wir früher die höchst langsame Entwicklung einer eigenthümlichen, auf das Subjective des Bewusstseins gerichteten Reflexion historisch verfolgt. Wir erkennen jetzt den Grund der zunächst auffälligen Thatsache; es geht ganz natürlich zu, dass zunächst die Objectivität als schlechthin gegeben gilt und allenfalls nur darüber gestritten wird, wie sie genauer zu be-

stimmen sei; während die Subjectivität des Erscheinens entweder
gänzlich übersehen oder naiv von der Objectivität abgeleitet wird.
Es muss erst irgendein PROTAGORAS aufstehen und, mit keckem
Radicalismus das Verhältniss von Subject und Object auf den Kopf
stellend, die Paradoxie auszusprechen wagen, dass vielmehr die
Subjectivität, das φαίνεσθαι, das Erste, die Gegenständlichkeit, das
εἶναι, entweder überhaupt nichts, oder nur aus der Subjectivität abgeleitet sei: der Dinge (nämlich der Gegenstände), ihres Seins
und Nichtseins Maass und Richtschnur ist der Mensch, das Subject.
Mit der Anerkenntniss des eigenthümlichen Rechtes der Subjectivität
beginnt die Psychologie. Für sie bleibt jene protagoreische Umkehrung in gewissem Sinne geltend. Für die eigentliche Wissenschaft gilt schlechterdings nur das Objectivirbare; für Psychologie
hat im Gegentheil nur das Subjective Bedeutung; auch der Anspruch der objectiven Geltung kommt für sie allein in Frage als
subjectiver Anspruch, nicht hinsichtlich seines Rechtes oder Unrechts.

5. Hiernach lässt sich das Verhältniss der Psychologie zur
objectiven Wissenschaft präcis bestimmen. Die objective Wissenschaft ist durchaus constructiv; sie schafft die Einheiten der Auffassung, die Instrumente des Begreifens, die „Begriffe". Sie gibt
dem in sich Bestimmungslosen die Bestimmtheit des Was, und damit
der Erscheinung den Gegenstand. Diese ganze Leistung ist von
einerlei Charakter, sozusagen aus einem Guss. Wissenschaft, auf
Erkenntniss der Objecte gerichtet, bildet dadurch eine untheilbare
Einheit. Fällt somit die ganze eigentlich schöpferische Arbeit der
Erkenntniss der objectiven Wissenschaft zu, so muss man sich doch
besinnen, dass diese Schöpfung nicht eine Schöpfung aus Nichts,
sondern schlechterdings aus Gegebenem ist. So entsteht die ganz
neue und eigenthümliche Aufgabe, das ursprünglich Gegebene aus
den Schöpfungen der Wissenschaft gedanklich wiederzuerzeugen.
Dies wird offenbar um so besser gelingen, je klarer die einzelnen
Stufen des Objectivirungsprocesses vor Augen liegen, d. h. je bewusster, besonnener die Objectivirung vollzogen wurde. Deshalb
hat Psychologie ihre bestimmteste Aufgabe, zugleich die gesichertste
Basis ihrer eigenen Leistung in den eigentlichen, bewusstesten
Objectivirungen der Wissenschaft. Zwar pflegt in dem Ausdruck
der wissenschaftlichen Erkenntniss die Erinnerung gerade an die

ersten Schritte des objectivirenden Processes verloren zu gehen. So legt Mathematik solche reine Abstractionen wie die des Punktes, der Linie, Fläche etc. wie erste Data zu Grunde; darin hat sie, was sie bedarf: festbestimmte Einheiten der Auffassung; auf diesen Grundlagen führt sie den ganzen Bau ihrer Erkenntnisse mit vollkommener Sicherheit auf. Für die Psychologie enthalten diese scheinbar unmittelbarsten Data vielleicht noch schwere Probleme; sie können ihr nicht als Voraussetzungen dienen, sondern sind selbst noch der Erklärung bedürftige Phänomene. Denn man darf wohl (im subjectiven Sinne) auch von „Erklärung" sprechen, da, wie gesagt, das psychisch Unmittelbare, auf welches alle bereits vollzogene Objectivirung zurückzuleiten ist, nicht auch ein unmittelbar Bekanntes, sondern durch die psychologische Reconstruction erst wieder aufzuspüren ist.

Uebrigens ist die Aufgabe der Psychologie eine ganz entsprechende in Bezug auf die nur weniger einheitlich und folgerecht durchgeführten Objectivirungen der nichtwissenschaftlichen Vorstellung. Die gesammte, auch nichtwissenschaftliche Vorstellung der „Dinge" ist in der That das Ergebniss einer oft sehr weitgehenden Objectivirung. Ein beträchtlicher Theil unserer Gemeinbegriffe, wie sie in den Wörtern der Sprache und deren mannigfachen Bedeutungen gleichsam registrirt sind, ist geradezu aus der Wissenschaft derivirt. Gebildete Sprachen bergen einen unverächtlichen Bestand an fertiger Gedankenarbeit in ihrem Wortschatz und selbst in ihrer grammatischen Structur. Jede einigermassen entwickelte Technik — und was hätte nicht heute seine Technik — verfügt über ein eigenes System fertiger Begriffe zum Theil von einer Bestimmtheit der Ausprägung, welche derjenigen wissenschaftlicher Begriffe wenig nachgibt. Jede Benennung besiegelt gleichsam eine vollzogene Objectivirung, jede Auffassung eines Erscheinungscomplexes als ein Ding, ein Vorgang, jede Identitätssetzung, jede Bildung einer Einheit der Vorstellung schliesst die objectivirende Function ein. So sind die gemeinen Vorstellungen der Dinge begriffliche Einheiten wesentlich derselben Art wie die eigentlichen „Objecte" der Wissenschaft. Auch die Tendenz auf eine einheitliche Vorstellung der gesammten Objectivität fehlt nicht durchaus; wir meinen, von wissenschaftlicher Aufklärung abgesehen, nicht bloss etwas wie Gegenstände, sondern die Gegenstände, die wirklich vorhandenen, vorzustellen und zu benennen; worin ja die Voraussetzung der Einheit der Objectivität offenbar liegt. Dass die gemeine Vorstellungsweise dabei wirklich nicht einheitlich ist, dass sie wissenschaftliche Geltung nicht beanspruchen kann, ist ja kein Geheimniss; allein nach dem Recht oder Unrecht des Anspruchs der objectiven Geltung ist für die Psychologie nicht die Frage; für sie steht die nichtwissenschaftliche Vorstellung, sofern sie doch die wirklichen Dinge treffen will, der wissenschaftlichen nahezu gleich; jene wie diese ist bereits eine Construction, und also gilt es sie durch die psychologische Reconstruction in das ursprünglich Gegebene wieder aufzulösen. Uebrigens ist ja auch die wissenschaftliche Objectivirung nicht auf einmal vollendet, sondern, bei aller Festigkeit ihrer formalen Grundlagen, ihrer gesetzmässigen Verfassung überhaupt, in der That eine nie vollendete Arbeit, eine ewige Aufgabe. Der wesentliche Vorzug der Wissenschaft, in Rücksicht auf die besondere Aufgabe der Psychologie, ist der schon erwähnte: dass die Wissenschaft sich jedes Schritts, den sie thut, bewusst ist, daher sie es erleichtert, nun auch jeden Schritt wieder zurückzuthun, und so bis zu den ursprünglichen Ausgängen wieder zu gelangen.

Aber auch die freisten Vorstellungen der Phantasie sind nicht von wesentlich anderer Natur; nur sind sie nicht, auch nur der allgemeinen Tendenz nach, gerichtet auf eine allbefassende Einheit der Objectivität, auf Erkenntniss der Dinge, wie sie „sind"; aber sie wollen doch „Dinge" vorstellen, nämlich wie sie sein könnten. Die Phantasievorstellung kommt dem naiv Phantasirenden gar nicht als ein blosses subjectives Gedankenspiel zum Bewusstsein, er schaut seine Phantasiewelt an und lebt in ihr wie in einer vorhandenen Welt. Bei Kindern kann man das beobachten; aber der Künstler phantasirt ebenso, und wir alle im Traum. Phantasie „dichtet", d. h. erdenkt Gegenstände. Wir nennen sie gestaltend, formend, schöpferisch, wir schreiben ihr eine Lebendigkeit zu; sie ist lebengebend, lebenschaffend, das ist ihre Lebendigkeit. Kurz, sie ist objectivirend, wie in der Kunst bloss am ersichtlichsten ist. Sie steht der Wissenschaft darin durchaus parallel, und bildet ganz in gleichem Sinne wie sie ein Problem der Psychologie; wie andrerseits die kunstlose, kunstwidrige, in ihren Gestaltungen fehlgreifende Phantasie den missglückten Objectivirungen, den wissenschaftlichen oder unwissenschaftlichen Irrungen über die Wahrheit der Dinge parallel steht.

Schon die gemeine nichtwissenschaftliche Vorstellung der Dinge, vollends die freie Thätigkeit der Phantasie ist freilich nicht bloss theoretisch, weder in der That noch auch nur der Absicht nach; sie ist tausendfältig mitbestimmt durch Interessen, Bedürfnisse, durch den ganzen subjectiven Antheil an den Dingen. Dies führt auf die Frage, welche Aufgabe die Psychologie mit Bezug auf das Gebiet des Fühlens, Begehrens, Wollens hat.

Zunächst ist auch dieses nicht von aller wissenschaftlichen Behandlung, von aller Reduction auf objectivgültige Normen ausgenommen. In allen höher entwickelten Culturen erkennt man wenigstens das Bestreben, auch dieses alles der Herrschaft gemeingültiger Gesetze zu unterwerfen. Die blossen Titel der Ethik und Aesthetik sind dessen Zeuge; mindestens als Desiderate bestehen diese Wissenschaften, mindestens gesucht ist die objectivgültige Norm des Guten, des Schönen. Wer immer von gut und schön redet, denkt und fordert ein objectivgültiges Gesetz, wenngleich er mit ein wenig sokratischer Selbstbesinnung bald dahinter kommen mag, wie wenig er diese Voraussetzung eigentlich zu rechtfertigen und wirklich zu erfüllen im Stande ist. Auch hier handelt es sich für die Psychologie nicht um das Recht oder Unrecht des Anspruchs der Objectivität; es genügt, dass er in der That erhoben wird. Somit wird es auch hier die Aufgabe sein, zu den subjectiven Quellen solcher, dem Anspruch nach objectivgültigen Begriffe zurückzugehen. Freilich lässt sich erwarten, dass die Lösung der Aufgabe gerade in diesen Gebieten auf eigenthümliche Schwierigkeiten stossen werde.

6. Noch Eines bedarf vielleicht noch aufgeklärt oder vielmehr in Erinnerung gebracht zu werden. Bezeichneten wir als Aufgabe der Psychologie die Reconstruction des Unmittelbaren, und forderten wir zum Behufe derselben die gedankliche Wiederaufhebung aller thatsächlich vollzogenen Objectivirung, so scheint damit die Objectivirung selbst ganz ausserhalb der psychologischen Untersuchung zu fallen. Und doch vollzieht sie sich ohne Zweifel im Bewusstsein, und der Nachweis der Gestalt, in der sie sich voll-

zieht, die psychologische Charakteristik der objetivirenden Function selbst müsste doch eine der Hauptaufgaben der Psychologie sein.

Die Forderung ist berechtigt; und ihre Erfüllung, soweit sie überhaupt thunlich ist, ist durch unsere Begriffsbestimmung der psychologischen Aufgabe auch nicht ausgeschlossen. Doch muss man sich bewusst sein, in welchen Grenzen von psychologischer Erklärung hier überhaupt gesprochen werden kann. Psychologie kann das Unmittelbare aufzeigen, welches die subjective Voraussetzung des gegenständlichen Begriffs bildet; mehr vermag sie nicht. Die „Einheit des Mannigfaltigen", welche den Begriff, insbesondere den Begriff des Gegenstandes gibt, lässt sich überhaupt nicht psychologisch ableiten, sondern allenfalls nur durch den Gegensatz des psychisch Unmittelbaren charakterisiren. Sagt man, sie bestehe (subjectiv) in der Einheit des „Gesichtspunktes", unter dem ein Mannigfaltiges der Erscheinung im Blick des Geistes zusammengefasst werde, so ist doch eben diese Einheit des geistigen Blicks nicht weiter psychologisch zu reduciren, höchstens analogisch zu beschreiben. Die Einheit des Bewusstseins erscheint eben nicht. Auch die Verbindung der Vorstellungselemente, die man, sofern sie der Regel der Bewusstseinseinheit gemäss ist, deren Erscheinung nennen könnte, auch die gleichartige in vielen Einzelvorstellungen, ist nicht die Begriffseinheit, sondern gleichsam nur deren Abspiegelung in der Vorstellung; gerade an ihr wird klar, dass die Bewusstseinseinheit selbst unvorstellbar, mithin auch unbeschreiblich und nur durch den Gegensatz der Vorstellung, oder durch Analogien wie die der Einheit des Blicks beschreiblich ist. Sie bildet, wie früher festgestellt, nicht sowohl eine eigenthümliche Aufgabe als vielmehr die äusserste Grenze der Psychologie. Bis dahin muss sie kommen; zur Reconstruction des Unmittelbaren gehört auch der Nachweis desjenigen Unmittelbaren, welches der (niemals unmittelbaren) Einheit des Begriffs zunächst zu Grunde liegt; ja zuletzt zielt ihre ganze Aufgabe darauf, denn anders als in Begriffen ist ja der ganze Inhalt des Bewusstseins gar nicht zu fassen; nur aus dem Begriffsinhalt kann der Bewusstseinsinhalt reconstruirt werden. Der ursprüngliche Gegensatz des Subjectiven und Objectiven aber ist von der subjectiven so wenig wie von der objectiven Seite zu überwinden.

Das Wesentliche bleibt, einerseits die genaue Correspondenz beider Aufgaben, der objectiv-wissenschaftlichen und der psychologischen, andrerseits die **grundlegende** Bedeutung des **objectiven** Erkennens auch für die subjective Analyse. Die zweiseitige Richtung des Erkenntnissweges, vom Subjectiven zum Objectiven und zurück, entspricht der zweiseitigen Bedingtheit der Erkenntniss durch die Erscheinung einerseits, den „Gesichtspunkt" der Einheit des Mannigfaltigen andrerseits. Die subjective Wissenschaft deckt sich mit der objectiven nach ihrem ganzen Forschungsbereich, sodass die Meinung einigermassen verständlich wird, dass Psychologie eigentlich alle anderen Wissenschaften umspanne, zu allen den Grund lege. Grundlegend ist vielmehr die objective Wissenschaft. Andere **wissenschaftliche** „Gründe", als die objective Wissenschaft sie liefert, hat auch Psychologie nicht; sie ist vielmehr auf die vorausgegangene Leistung der objectiven Wissenschaft auf jedem Schritt angewiesen; sie kann nicht reconstruiren, wo nicht jene erst construirt hat. Dennoch bleibt ihre Aufgabe eine ganz natürliche, auch unentbehrliche. An der Erkenntniss interessirt nicht bloss ihr Verhältniss zum Gegenstande, sondern auch ihr Verhältniss zu unserer Subjectivität. Vollständig gelöst ist die Gesammtaufgabe der Wissenschaft erst, wenn Beides geleistet ist: das objective Verständniss der Phänomene aus dem Gesetz, und das subjective Verständniss der Gesetze und aller dadurch geleisteten Erklärung der Phänomene aus dem Unmittelbaren des Bewusstseins. Gerade in der Vollendung dieser Doppelaufgabe der Erkenntniss aber würde am klarsten werden, wie die Subjectivität — ganz der gemeinen Vorstellung entsprechend — nur den Reflex der Objectivität, diese die eigentlich allein „seiende" Grundlage des subjectiv Erscheinenden darstellt.

7. Schliesslich sei noch darauf hingewiesen, wie nach unserer Auffassung die verschiedenen sonst bestehenden Ansichten von der Aufgabe der Psychologie sich sämmtlich erklären und gewissermassen rechtfertigen, obwohl keine derselben ihren specifischen Sinn mit hinlänglicher Präcision zum Ausdruck bringt.

KANT verfiel auf den Ausdruck der „Beschreibung" vielleicht nur, weil er einen Gegensatz zur objectiven Erklärung ausdrücken wollte. Beschreibung und Erklärung sind aber, wie gezeigt, nicht Gegensätze, sondern bezeichnen nur die verschiedenen Stufen eines und desselben Objectivirungsprocesses. Uebrigens dachte Kant bei der „Beschreibung" zugleich an Analyse, und an genetische Ableitung, welche die „Erklärung des Besitzes" der Erkenntniss erbringe. Dass Psychologie „analytisch" und „genetisch" verfahren müsse, sind auch sonst wohl die beliebtesten Formulirungen. Beide haben ihr gutes Recht. Analyse ist in der That das Hauptinstrument der psychologischen Forschung, nur das Ziel derselben wäre damit doch nicht triftig bezeichnet; Analyse ist hier wie sonst bloss die Voraussetzung der Construction, nämlich der Reconstruction des Unmittelbaren. Eben diese mag man im Sinne gehabt haben, wenn man die Aufgabe der Psychologie als eine „genetische" bestimmte. Die Reduction auf das Unmittelbare scheint den Nachweis der Genesis, der Entwicklung aus keimartigen Anfängen zu bedeuten. Doch ist auch diese Bezeichnung unzureichend; zunächst, weil sie unklar lässt, ob an einen bloss „historischen" Nachweis des successiven Fortschritts von einfacheren zu complicirteren Gestaltungen oder zugleich an ursachliche Erklärung gedacht ist. Das Erstere ist Kant's Meinung; ihm ist das psychologisch Ursprünglichere ausdrücklich zwar der Zeit, aber nicht dem Ursprung nach das Frühere; „der Zeit nach" geht keine Erkenntniss in uns der Erfahrung vorher; mit dieser „fängt alle an", aber sie „entspringt" darum nicht alle aus ihr. Dagegen pflegt man sonst an causale Erklärung zu denken. Wir müssen Beides ablehnen, und könnten dennoch den Ausdruck der „genetischen" Methode uns vielleicht eineignen, wenn nicht noch ein fernerer, gewichtiger Umstand uns daran hinderte. Die Genesis des Bewusstseins kann deswegen nicht unsere Aufgabe sein, weil wir die Zeit nicht für die subjective Reduction schon voraussetzen, sondern auch sie, als eines der wesentlichsten und ursprünglichsten Bestandstücke der Subjectivität, erst reconstruiren wollen; denn uns gilt hier die Zeit als Moment des Bewusstseins, nicht das Bewusstsein als Vorgang in der Zeit gegeben. Und so möchten wir den nunmehr wohl unmissverständlichen Ausdruck der „Reconstruction" vorziehen. Die reconstructive Methode ist übrigens nicht bloss beschreibend, sie ist im subjectiven Sinne auch erklärend. Aber solche Erklärung ist nicht causal; kaum würden wir zugestehen können, dass sie „historisch" sei, dass das im Bewusstsein Ursprünglichere, Unmittelbarere, das πρότερον πρὸς ἡμᾶς, durchaus „der Zeit nach" das Frühere sein müsse; jedenfalls nicht auf die zeitliche Priorität, sondern auf das bedingende Verhältniss zu allen Objectivirungen, als (subjective) Grundlage oder Voraussetzung, aristotelisch gesprochen als ὕλη, als δυνάμει ὄν, kommt es an. Das Ursprüngliche des Bewusstseins braucht nicht auch als eine für sich gegebene, zeitlich frühere Stufe, als Keim oder Anlage, gleichsam als prähistorisches Stadium des Bewusstseins nachgewiesen zu werden, so wenig wie umgekehrt die constructive „That" der Objectivirung als Fortschritt in der Zeit nachgewiesen werden muss.

§ 14.

Auf Grund des festgestellten Verhältnisses der Psychologie zur objectiven Wissenschaft ist die psychologische Erklärung des Erkennens aus subjectiven Gründen im Bewusstsein durchaus abhängig von der wissenschaftlichen Constituirung der objectiven Einheiten.

Dagegen scheint alle objective Einheit vielmehr in die bloss subjective des Bewusstseins sich aufzulösen, wenn man die Reflexion darauf richtet, dass aller Gegenstand und die ihn constituirende Einheit doch allein im (erkennenden) Bewusstsein gegeben ist. Damit scheint alle objective Begründung der Erkenntniss in eine bloss subjective, mithin psychologische, sich aufzulösen.

Dieser Schein (des subjectiven Idealismus) beruht jedoch nur darauf, dass in subjectiver (psychologischer) Betrachtung freilich die Constituirung der objectiven Einheiten im Bewusstsein als das Vorausgehende, die Einheit der Objectsvorstellung als Folge des sie constituirenden Bewusstseinsactes (Zusammenfassung des Mannigfaltigen zur Einheit oder synthetische Apperception) erscheinen muss. Wirklich schliessen wir aus der im Inhalt gegebenen Einheit auf den sie constituirenden Bewusstseinsact erst zurück, und erkennen auch damit nicht eine neue, dem wirklichen Bewusstsein der Einheit vorhergehende und zu Grunde liegende Thatsache, sondern bezeichnen nur die allein gegebene Thatsache, die Einheit im Inhalte der Vorstellung, nach ihrer subjectiven Seite, als Einheit des Bewusstseins. Denn allerdings ist, zufolge des correlativen Grundverhältnisses (§§ 8 und 9), die Einheit des Gegenstands nur für ein Bewusstsein gegeben, mithin psychologisch als Einheit des Bewusstseins auszudrücken. Aber darum ist nicht die Einheit des Bewusstseins der Grund der Einheit des Gegenstands, so wenig wie umgekehrt die Einheit des Gegenstandes der Grund der Bewusstseinseinheit; sondern je nachdem man, zufolge der Doppelrichtung des Erkenntnissweges, vom Object zum Subject oder vom Subject zum Object geht, erscheint bald die Subjectivität als Wirkung der Objectivität, bald die Objectivität als Ausfluss der Subjectivität. Thatsächlich bedingt nicht die Objectivität die Subjectivität, noch die Subjectivität die Objectivität, noch etwa Beide als Drittes die Erscheinung; sondern die Richtung der Betrachtung bedingt die Auffassung der Erscheinung im objectiven oder subjectiven Zusammenhange, die Verknüpfung beider Betrachtungsarten ihre Auffassung als zugleich beiden Zusammenhängen angehörig.

1. Mit Grund wurde eine Frage bisher zurückgestellt, die schon mehrfach sich uns nahelegen musste, aber erst hier ihre endgültige Erledigung finden kann: die Frage nach dem Verhältniss der Psychologie zur objectiven Begründung der Erkenntniss in Grundgesetzen ihrer Wahrheit (Erkenntnisskritik). Kaum an einer anderen Frage scheiden sich heute die „Standpunkte" so schroff wie an dieser. Den Einen gilt für ausgemacht, dass eine Begründung der letzten Gesetze, welche die objective Gültigkeit der Erkenntniss bestimmen, soweit von einer solchen überhaupt die Rede sein könne, entweder geradezu eine psychologische Aufgabe, oder wenigstens eine solche sei, zu deren Lösung allein in der Psychologie die Grundlage zu suchen sei. Andern (nicht bloss Kantianern) gilt das Gegentheil für ausgemacht: dass eine Wissenschaft, welche die letzten Gründe der objectiven Wahrheit der Erkenntniss feststellen solle, nothwendig die Grundwissenschaft sei, von der alle andern und die selbst von keiner abhänge; von einer besonderen Wissenschaft, z. B. Psychologie, sie abhängig machen wollen, heisse soviel als sie überhaupt aufheben.

Die Auflösung des Streits ergibt sich für uns sehr einfach. Die eine Partei, welche eine psychologische Begründung der Erkenntnissgesetze verlangt, hat augenscheinlich das im Auge, was wir im subjectiven Sinne „Begründung" oder „Erklärung" zu nennen kein Bedenken trugen, von objectiver Begründung oder Erklärung aber aufs strengste unterschieden. Die Andern, welche eine von Psychologie unabhängige Begründung fordern, denken dagegen offenbar ausschliesslich an objective Begründung, indem sie die ganz eigenthümliche Aufgabe einer subjectiven Ableitung entweder ganz ausser Acht lassen, oder sie bloss nicht Begründung genannt wissen wollen; was sie im eigentlichen, nämlich objectiven Sinne auch nicht ist. Für uns bestehen beide Aufgaben, im bestimmtesten Gegensatze und zugleich genauester Wechselbeziehung zu einander. Im objectiven Sinne sind es die Gesetze, welche die Phänomene erklären; im subjectiven Sinne erklären vielmehr die Phänomene die Gesetze. Für jene sind die Phänomene das Erklärungsbedürftige, die Gesetze das „an sich Frühere", worauf alle Erklärung basiren muss, die aber selbst durch die Objectivirung der Phänomene erst erkannt werden, also „für uns" das Spätere sind. Für die subjective Betrachtung ist im Gegentheil das, woraus alles Andere erklärt, worauf es reducirt, und welches eben damit selbst erst erkenntnissgemäss festgestellt wird, das Unmittelbare des Bewusstseins; die Gesetze, die erklärenden Gründe der objectiven Wissenschaft, sind für sie das Erklärungsbedürftige, auf den subjectiven Grund des Unmittelbaren Zurückzuführende. Nach den letzten objectiven Gründen der Wahrheit der Erkenntniss fragen heisst nun nichts Anderes als, die Reduction der Phänomene auf Gesetze aufs höchste treiben, den objectivirenden Process vollenden wollen bis zu den höchsten Gesetzen, welche alle Objectivität der Erkenntniss ursprünglich, d. h. aus letztem objectivem Grunde, bestimmen. Nach der subjectiven Erklärung des Wahrheitsbewusstseins forschen heisst im Gegentheil, den Process der Objectivirung durch alle Stufen rückwärts verfolgen bis zu dem, was aller Objectivirung voraus das im Bewusstsein Gegebene war. Beide Aufgaben stehen sich diametral gegenüber. Die eine setzt die Objectivirungen der Wissenschaft voraus und will die Objectivirung zum Abschluss bringen in einer letzten, höchst objectiven Gesetzgebung der wissenschaftlichen Wahrheit selbst; die andere will im Gegentheil alle schon vollzogene Objectivirung gleichsam wieder ungeschehen machen, und so zu den ersten, vorwissenschaftlichen Keimen des wissenschaftlichen Bewusstseins zurückgehen.

2. Dies Verhältniss ist so lange klar und einfach, als der Gegensatz der Objectivität und Subjectivität, nämlich der objectiven

und subjectiven Beziehung der Erscheinung, in unserem Sinne feststeht. Er steht fest, solange man sich darüber klar ist, dass es ein Gegensatz, nicht zweier nebeneinander bestehender Seinsweisen oder Reihen von Thatsachen, sondern zweier Richtungen des Erkenntnissweges (vom Phänomen zum Gesetz, und vom Gesetz zum Phänomen) ist. Andernfalls scheint entweder die Objectivität die Subjectivität oder (und dies mit weit verführenderem Scheine) die Subjectivität die Objectivität ganz zu verschlingen und gleichsam in sich aufzusaugen.

Das Erstere, das gänzliche Uebersehen der Subjectivität, ist dem naiven Bewusstsein sehr geläufig, dem einigermassen auf sich selbst reflectirenden dagegen unmöglich. Dass es überhaupt möglich ist, erklärten wir daraus, dass naturgemäss die Reflexion auf das Object die nächstliegende, die auf die ursprüngliche Subjectivität des Erscheinens die secundäre ist. Der neueren Philosophie seit DESCARTES ist die selbständige Bedeutung der Subjectivität so gegenwärtig, dass es höchstens dem naivsten Materialismus noch gelingen mag, sie gänzlich zu ignoriren. Dagegen haftet der umgekehrten Täuschung, die dem gemeinen Bewusstsein fernliegt, für den, der einmal zu philosophiren begonnen, ein fast unüberwindlicher Schein an; sie ist, unter dem Namen des „Idealismus", überall bekannt, wo nur die mindeste Kunde von neuerer, insbesondere kantischer und nachkantischer Philosophie hingedrungen ist.

Man versteht darunter, in der unbestimmtesten Bedeutung, die eigentlich triviale Besinnung, dass ein Gegenstand doch nicht anders als im Bewusstsein gegeben sei. Gegenstände mögen „an sich", d. h. abgesehen von unserer Vorstellung oder Erkenntniss derselben, sein, was sie wollen, jedenfalls für uns sind und bedeuten sie allein, was wir darunter vorstellen oder daran erkennen, kurz den Inhalt unseres Bewusstseins. Denkt man sich ein Ansichsein im Unterschied von unserer Vorstellung oder Erkenntniss von Gegenständen, so kann dasselbe nur etwa ein solches Sein bedeuten, wie wir es vorstellen oder erkennen würden, könnte es in den Bereich unserer Vorstellung oder Erkenntniss überhaupt kommen; ein Begriff, der vielleicht dazu dienen mag, die Grenze der uns möglichen Erkenntniss zu bezeichnen, der aber sonst eine angebbare positive Bedeutung für uns nicht hat.

In dieser Unbestimmtheit genommen, erscheint der idealistische Grundgedanke freilich einleuchtend, aber auch sehr trivial; er fördert das Verständniss eigentlich in keiner Richtung. Auch ist er in die Philosophie wohl nur gerathen, indem man ihn in popularisirender Absicht einem anderen, etwas inhaltvolleren Gedanken unterschob. Es ist noch wenig damit gesagt, dass der „Gegenstand" nothwendig Gegenstand für ein Bewusstsein sei. Vielmehr, da doch dies sich von selbst versteht, so fragt es sich dann erst, was es denn sei am Bewusstsein, was die Gegenständlichkeit der Vorstellung ausmache, und was demgemäss diese Gegenständlichkeit bedeuten könne. Es kann auch nicht genügen, festzustellen, dass dies Unterscheidende des gegenständlichen Bewusstseins eben gleichfalls ein Moment des Bewusstseins sei, sondern es handelt sich darum, dies Moment bestimmt zu kennzeichnen. Wir bezeichneten es bisher, immer noch sehr allgemein und unbestimmt, durch den Begriff des Gesetzes, durch die im Gesetz gedachte „Einheit des Mannigfaltigen". Aber nicht bloss auf Gesetze überhaupt, auf die allbefassende Einheit des gesetzmässigen Zusammenhanges der Erscheinungen kommt es an. Diese sucht alle Wissenschaft, darin glaubt sie die Objectivität des Seins im Unterschied von der Subjectivität des Erscheinens zu begründen. So ergibt sich eine etwas vertiefte, sozusagen vornehmere Gestalt des „Idealismus". Nicht das „Bewusstsein" so schlechthin, sondern die Einheit des Bewusstseins ist es, welche in der Einheit des Gesetzes die Einheit des Gegenstands constituirt; so etwa liesse sich die Grundformel dieses Idealismus aussprechen. In so verbesserter Gestalt gewinnt die idealistische Ansicht einen ernsteren Sinn, sie wird namentlich eines engen Bündnisses mit der objectiven Wissenschaft fähig; eine Bundesgenossenschaft, die ihr ja nur zur Empfehlung gereichen kann. Das ist ungefähr, was man heute unter „Kriticismus", „kritischem Idealismus" zu verstehen pflegt.

Gerade nach dieser Auffassung aber erscheint nun doch noch die Objectivität der Erkenntniss gänzlich in Subjectivität aufgehoben. Der die Erscheinung objectivirende Gedanke ist selbst nur eine Bewusstseinsgestalt, mithin die angeblich objective Begründung der Wahrheit in der That eine subjective. Der gesetzmässige Zusammenhang der Erscheinungen in einer „Natur" (Erscheinungswelt), welcher allein den Geltungsanspruch der Objectivität stützt und berechtigt, erscheint er nicht, weil im Gedanken allein bestehend, vom Gesetze des Bewusstseins ganz und gar abhängig? Wer setzt diesen Unterschied objectiver und bloss subjectiver Geltung, wer ordnet die Erscheinungen unter Gesetze, wer bestimmt die dabei leitenden Gesichtspunkte, vor allem jenen höchsten Gesichtspunkt, das Gesetz aller Gesetze, wonach das Gesetz es ist, welches die objective Realität bestimmt; wer, wenn nicht wir, die Denkenden? Wir mögen dabei unter dem Zwange einer Nothwendigkeit stehen, den keine subjective Willkür durchbricht; wir mögen darin zuletzt abhängig sein von einer unbekannten, uns fremden Macht; danach ist hier nicht die Frage, danach kann vielleicht ernsthaft gar nicht die Frage sein, weil wir über letztgültige Gesetze unserer Erkenntniss doch nicht hinausfragen, oder etwas ausserhalb unserer Erkenntniss dürfen bestimmen wollen, wovon unsere Erkenntniss abhänge; sondern davon allein ist die Rede, davor aber gibt es, wie es jetzt scheint, kein Entrinnen: dass auch der Gedanke der Objectivität, auch die Constituirung des Gegenstandes auf Grund des gesetzmässigen Zusammenhanges der Erscheinungen zuletzt bloss „in uns", im Denken, richtiger im Erkennen, jedenfalls aber im Bewusstsein, in unserer Subjectivität allein gegeben sei.

Mit dem so verstandenen „Idealismus" uns auseinanderzusetzen dürfen wir um so weniger uns weigern, je näher unsere eigene Grundauffassung demselben zu kommen scheint, je mehr wir jenem kantischen Grundsatze selber beizupflichten genöthigt sind, den wir kurz so formulirten: dass die Einheit des Bewusstseins es sei, welche in der Einheit des Gesetzes die Einheit des Gegenstandes constituire.

3. Es hat für Philosophen etwas Verführerisches, mit einem einzigen Fundamentalsatze, mit einer einzigen, vielleicht grossartig wahren wissenschaftlichen Synthese auch gleich alle lösbaren Räthsel gelöst, alle beantwortbaren Fragen beantwortet zu glauben. Für eine solche fundamentale gedankliche Synthese halten wir die kantische zwischen den drei Begriffen: Gesetz, Gegenstand, Bewusstsein. Wir halten den eben formulirten Fundamentalgedanken durch KANT für dermassen bewiesen und von seinen Nachfolgern erläutert, dass wir mit Philosophen, welche gegen denselben sich immer noch verschliessen, fast jede weitere Discussion für unfruchtbar halten müssen.

Indessen lässt gerade unsere Frage deutlich erkennen, wie sehr man irrt, wenn man glaubt, dass durch diese einzige Aufklärung nun mit einem Schlage alle Schwierigkeiten überwunden seien. Versteht man in jener Formel, welche ich die Fundamentalgleichung der Erkenntniss nennen möchte, unter „Bewusstsein" das Bewusstsein im psychologischen Sinne, d. h. die Subjectivität, so ist unvermeidlich das Gesetz, dessen Einheit die des Gegenstandes begründet, ein Gesetz unserer Subjectivität, ein psychologisches Gesetz, und die vermeintlich objective Begründung der Wahrheitsgesetze der Erkenntniss vielmehr subjectiv, psychologisch; der von uns behauptete Unterschied objectiver von subjectiver Begründung fällt dahin, und der „kritische" Idealismus wird das, wofür seine Gegner, ja selbst manche Anhänger ihn gehalten, der reinste, uneingeschränkteste Subjectivismus, mit dem Idealismus BERKELEY's annähernd identisch, allenfalls vor ihm ausgezeichnet durch den bestimmteren Nachweis derjenigen Momente des (subjectiven) Bewusstseins, welche die Geltung der Objectivität (immer im subjectiven Sinne) begründen.

So tiefe Wurzeln nun auch jene kantische Grundidee in der Geschichte der Philosophie und Wissenschaft hat, so mächtig anregend und fördernd schon durch sie allein KANT auf beide eingewirkt hat; wir können dennoch nicht darin allein das entscheidende Moment seiner Leistung sehen. Auf die Ausführung, und um der Ausführung willen auf die schärfste Präcisirung des Principalgedankens kommt es an; durch dieselbe aber wird, wie wir glauben, aller Verdacht des Subjectivismus gründlich gehoben.

Die Begründung der Einheit des Gegenstands in der des Bewusstseins, in Gestalt des Gesetzes, dürfte kaum als originale Entdeckung KANT's bezeichnet werden. Sie ist, dem Princip nach, klärlich enthalten im platonischen Begriff der „Idee", welche gegenüber der fliessenden Mannigfaltigkeit der Erscheinungen die bestimmende, begrenzende Einheit des Gesetzes, und damit das gegenständliche „Sein" repräsentirt, andrerseits aber ihre subjective Wurzel hat im Verstehen, welches vom beliebigen Vorstellen unterschieden ist durch das ξυλλαβεῖν εἰς ἕν, die Zusammenfassung des Mannigfaltigen zur Einheit — ziemlich genau KANT's „synthetische Einheit" der Apperception. Man findet bei DESCARTES, sichtbarer noch bei LEIBNIZ die gleiche Grundansicht; bei letzterem bisweilen in so überraschend bestimmter Formulirung, dass für denjenigen, der KANT's fundamentale Leistung in diesem einzigen Gedanken sähe, die Originalität dieser Leistung sehr zweifelhaft erscheinen müsste. LEIBNIZ selbst dachte dabei eigentlich nur die „perennis philosophia", die von jeher, seit es Philosophie gab, vorhandene, unbewusst Allen gemeinsame, in den einzelnen Systemen nur einseitig zum Ausdruck gekommene philosophische Grundwahrheit bloss zu deutlichem, allseitigem Ausspruch zu bringen. Nicht mehr als dies hätte KANT, vielleicht in verbesserter, haltbarerer Form als LEIBNIZ, geleistet, wäre in jenem Satze wirklich das Ganze seiner Entdeckung enthalten. Der Unterschied wird jedoch klar, sobald man die Ausführung des gemeinsamen Grundgedankens bei KANT mit der bei PLATON oder LEIBNIZ vorliegenden vergleicht. Dass das Gesetz es sei, welches die Realität constituire, wusste PLATON, wusste LEIBNIZ. Aber schon der grundverschiedene Charakter der einzelnen philosophischen Probleme, welche in dieser einzigen Fundamentalgleichung das Princip ihrer Auflösung finden, und die daraus fliessende ganz verschiedene Geltung und Bedeutung der Grundbegriffe, Gesetz und Gegenstand, selbst, je nach ihrer Anwendung in den verschiedenen Richtungen philosophischer Fragestellung, blieb Beiden verborgen. Der Unterschied zwischen mathematischem und Naturgesetz und seine erkenntnisstheoretische Wurzel ist von Beiden wohl geahnt, aber zuletzt doch unzureichend bestimmt worden; weit unsicherer noch sind Beide in der Abgrenzung der constitutiven Erkenntnissgesetze gegen das bloss regulative Princip des Zwecks, vollends in der Unterscheidung des Geltungswerthes des Zweckgedankens in Natur und Kunst, endlich im Sittlichen, wodurch Beiden die wahrhaft objective Begründung gerade derjenigen „Ideen" und Wahrheiten entging, woran Beiden mehr gelegen war als an der philosophischen Grundlegung zur mathematischen Naturwissenschaft bloss ihrer selbst wegen. Vielleicht berühren alle diese Fragen auf entferntere Weise auch Interessen der Psychologie; in ganz fundamentaler Weise aber geht eine Frage sie an, welche direct gegen die letzte Wurzel und Angel dieser ganzen, KANT mit PLATON und LEIBNIZ gemeinsamen Grundansicht sich richtet: gegen den Begriff des „Bewusstseins" selbst, in dessen Einheit die Einheit des Gesetzes und damit des Gegenstands zu begründen sei.

4. Was nun dies betrifft, so muss zugestanden werden, dass KANT selbst zu einer subjectivistischen Deutung durch den Ausdruck, den er dem Fundamentalgedanken gab, Anlass genug gegeben hat. Er forscht nach dem Grunde derjenigen Einheit, welche im Begriffe des Gegenstands gedacht wird, und findet sie in der Einheit des „Bewusstseins". Nur das Bewusstsein kann dem Mannigfaltigen der Erscheinung die Einheit „verschaffen", durch die allein sie Beziehung auf den Gegenstand hat. Zwar wird dies Bewusstsein vom „jederzeit wandelbaren" empirischen Bewusstsein (oder dem inneren Sinn) unterschieden als reines, ursprüngliches, unwandelbares Bewusstsein; aber es bleibt doch Bewusstsein, „Apperception". Das ursprüngliche und nothwendige Bewusstsein der Identität seiner selbst ist zugleich ein Bewusstsein einer ebenso nothwendigen Einheit der Synthesis aller Erscheinungen nach Begriffen, mithin der Grund der Einheit des Gegenstands. „Es ist schlechthin nothwendig, dass in meinem Erkenntnisse alles Bewusstsein zu einem Bewusstsein (meiner selbst) gehöre", oder in einem einzigen Selbstbewusstsein verbunden sei; das ist der schlechthin erste Grundsatz unseres Denkens überhaupt. Das „transcendentale Bewusstsein" ist „die blosse Vorstellung Ich in Beziehung auf alle andern." Die Einheit des Gegenstands hat „subjective Gründe" in den „ursprünglichen Erkenntnissquellen unseres Gemüths", welche „zugleich objectiv gültig sind, indem sie die Gründe der Möglichkeit sind, überhaupt ein Object in der Erfahrung zu erkennen". So nach der „transscendentalen Deduction" in erster Darstellung; die zweite geht ganz direct aus von dem „Ich denke", dem cartesianischen Cogito, welches „alle meine Vorstellungen muss begleiten können", weil sie sonst nicht meine, sondern „für mich nichts" sein würden; oder von der „Einheit des Selbstbewusstseins". Zwar wird diese auch hier, noch bestimmter als in der ersten Auflage, als „objective" Einheit von einer bloss subjectiven unterschieden und ihr eine nothwendige und allgemeine Geltung beigelegt; aber es bleibt Einheit des Selbstbewusstseins. Ist denn das nicht die Subjectivität? Scheint nicht eine „objective" Einheit des Selbstbewusstseins — also eine objective Einheit des subjectiven Bewusstseins — entweder ein Nonsens oder der denkbar prägnanteste Ausdruck für die gänzliche Auflösung der Objectivität in die Subjectivität — die wir dennoch von KANT abwehren wollten?

Wir haben nun hier nicht KANT zu erklären, sondern über die Sache uns klar zu werden; vielleicht dass die Authellung der Sache zugleich den Weg zeigt, wie in den Sätzen KANT's ein Sinn zu finden ist, den sie unmittelbar nicht verrathen und der die (von KANT doch abgelehnte) subjectivistische Deutung wirklich überwindet.

Wir haben den Begriff des Bewusstseins früher nach seiner rein psychologischen Bedeutung entwickelt; hier bedarf er einer erneuten Behandlung mit Rücksicht auf das Verhältniss der Psychologie zur objectiven Begründung der Wahrheitsgesetze der Erkenntniss, in welcher derselbe Begriff — oder vielleicht ein anderer, bloss gleichnamiger — eine bedeutungsvolle Rolle spielt.

5. Was wir in bloss psychologischer Absicht „Bewusstsein" nannten, schied sich in zwei Momente. Erstens die „Bewusstheit", die unerklärliche, kaum beschreibliche, gleichwohl allen bewussten Erlebnissen gemeinsame und eigenthümliche Beziehung dessen, was wir den Inhalt des Erlebnisses nennen, „wie auf ein Centrum", welches das „Ich" heisst; durch welche Beziehung allein dieser Inhalt subjectiv gegeben ist oder „erscheint". Diese, die Bewusstheit, kann unmöglich dasjenige sein, was die Objectivität constituirt; sie ist vielmehr der eigentlichste Ausdruck für die Subjectivität des Erscheinens, für den Charakter der Erscheinung als psychisches Datum. In der Bewusstheit als solcher ist keine solche Einheit, die etwa die Einheit des Gesetzes und damit die des Gegenstands begründen könnte. Die Beziehung auf ein Ich ist zwar wirklich unterschiedslos allem erscheinenden Inhalt gemein und für allen einerlei, aber eben darum unterscheidet, bestimmt oder begrenzt sie nichts in den Erscheinungen; jene gesuchte Einheit aber ist eben die Einheit der Bestimmung. Die Bewusstheit ist selber kaum bestimmbar; jedenfalls ist sie in sich selbst nicht bestimmbar, mithin auch nicht objectivirbar; sie wird nur gewissermassen bestimmt durch die Bestimmtheit des Inhalts. Somit ist es der Inhalt allein, und zwar rücksichtlich seiner Verbindung im jedesmaligen Bewusstsein, der der psychischen oder Bewusstseinsthatsache ihren eigentlich positiven Sinn gibt. Dies ist denn das zweite, psychologisch weitaus wichtigere Moment am Bewusstsein. Dasselbe liefert allerdings eine Art Einheit; zunächst die Einheit dessen, was wir den jedes-

maligen Act des Bewusstseins nennen mögen; sodann, über den jedesmaligen Moment hinaus, die Einheit des Zusammenhanges, die Continuität des Bewusstseins in der ganzen Folge seiner Auftritte. Aber immer ist es nur die Subjectivität des Erlebens, welche dadurch bestimmt wird, nicht die Gegenständlichkeit. Uebrigens wissen wir nun, dass alle mögliche Bestimmung des subjectiven Bewusstseins ursprünglich objective Bestimmungen voraussetzt, und nur durch solche, nämlich durch Zurückführung derselben auf ihre subjectiven Gründe, möglich ist. Die Bestimmung des Inhalts des subjectiven Bewusstseins ist nur durch die Controle des objectiven Geschehens, im Hinblick auf einen bereits constituirten objectiven Zusammenhang erreichbar.

Daher sind das fundamental Bestimmende eben die objectiven Einheiten; so weit das Subjective des Bewusstseins überhaupt bestimmbar ist, ist es allein bestimmbar in Rücksicht auf ein Objectives. Die letztbestimmenden Einheiten herauszustellen, ist nun die eigenthümliche Aufgabe einer objectiven Theorie der Erkenntniss. Der allgemeine wissenschaftliche Ausdruck der objectiven Einheit, oder des Bestimmenden, ist der Begriff. Nicht eine jede in etwa begrifflich zu nennende Gedankeneinheit bestimmt zwar, in streng gültiger Bedeutung, einen „Gegenstand"; aber allerdings, die Tendenz der Objectivirung liegt in jeder noch so unvollendeten Begriffsfassung. Derjenige Zusammenhang von Begriffen aber bestimmt „den" (einheitlich gedachten) Gegenstand, wodurch die objectivirten Einzelerscheinungen auf die höheren Einheiten der Gesetze, alle besonderen Gesetze auf die Einheit der gesetzmässigen Verknüpfung alles Erscheinenden in einer „Welt" bezogen werden. Constituirende Momente dazu sind etwa die Grundbegriffe der Mathematik und Mechanik; Denkeinheiten, objective Einheiten von allgemein gesetzgebender Bedeutung, wodurch alles Erscheinende in Zahl und Maass dargestellt und damit der Einheit der Naturordnung eingefügt, jedem Ereigniss seine bestimmte Stelle in Raum und Zeit, sein bestimmtes Subject, sein bestimmter ursächlicher Zusammenhang mit bestimmten anderen Ereignissen angewiesen wird. Die systematische Darlegung der letztbestimmenden objectiven Einheiten in eindeutig fixirten Grundbegriffen und Grundsätzen ist die Aufgabe einer objectiven Theorie der Erkenntniss, die wir, im Unterschied von der vermeinten subjectiven Theorie derselben, Erkenntnisskritik nennen; in Erinnerung nicht bloss an KANT's Vernunftkritik, sondern an die längst vor KANT bestehende Aufgabe, die Gesetzgebung der objectiven Erkenntniss, die allgemeine Richtschnur für die κρίσις der Wahrheit zu finden.

Hier nun handelt es sich nicht um diese Aufgabe selbst, sondern nur um ihre sichere Abgrenzung gegen die Aufgabe der Psychologie, um die Feststellung ihrer Unabhängigkeit von der letzteren und damit um die Aufklärung des Sinnes der Objectivität der Bestimmung. Und da kommt es wesentlich auf dasjenige Moment der objectivgültigen Bestimmung an, welches die Erkenntnisskritik als das zuletzt und allgemein maass- und gesetzgebende erweist: das Moment der Einheit. Bisher nämlich wurde soviel gewonnen, dass die Einheit, welche im Gesetz den Gegenstand constituirt, die Einheit der Bestimmung ist.

6. Hier wird nun wohl der Verdacht des Subjectivismus sich nicht daran knüpfen, dass das zu Bestimmende, das „Gegebene" der Erscheinung, nur subjectiv, im Bewusstsein gegeben sei; solange nur die Bestimmung selbst objectiv bleibt, durch sie also eben das Subjective objectivirt wird, behält ja der Gegensatz des Subjectiven und Objectiven seinen klaren Sinn. Aber allerdings auch die Bestimmung des Mannigfaltigen zur Einheit, die Objectivirung selbst, erscheint leicht als subjectiver Act, als die „That" des bestimmenden Ich, des „Subjects" oder Bewusstseins. In dieser Auffassung wurzelt eigentlich die Wendung zum Subjectivismus. KANT hat ihr wenigstens durch seine Ausdrucksweise nicht hinreichend vorgebeugt, wenn er eben die Bestimmung des Mannigfaltigen zur Einheit, auf der alle Objectivirung beruht, als „Handlung des Gemüths" darstellt, sie einer „Spontaneität" (Selbstthätigkeit) des Verstandes zuschreibt. An diese Ausdrücke: Handlung, Spontaneität klammerte sich der titanische Subjectivismus FICHTE's; ihm war das höchst sympathisch, dass die gesammte Objectivität auf „Handlung", auf „Setzung" seitens des „Ich" beruhen sollte.

Nun haben wir uns bereits früher aus rein psychologischen Gesichtspunkten darüber erklärt, was von den „Handlungen" des Subjects oder Bewusstseins zu halten sei. Wir haben den Actus des Wahrnehmens, Denkens etc., den Actus des Verbindens abgelehnt, wir werden auch die Handlung des Bestimmens ablehnen und uns, wie dort an das Gegebensein des Inhalts, der Einzelinhalte wie ihrer Verbindungen, so hier an die **Bestimmtheit im Inhalte des Bewusstseins** halten müssen. Wäre eine bestimmende „Thätigkeit" anzunehmen, sie wäre doch nur durch Rückschluss aus ihrem Resultat (der Bestimmtheit im Inhalte des Bewusstseins) zu gewinnen, nicht aber primär gegeben. Zwar haben wir selbst den Ausdruck der „Construction" nicht gemieden, der ja noch so etwas wie eine spontane Handlung des Subjects anzudeuten scheint; wir sagten, die objective Wissenschaft sei es, welche aus dem Gegebenen die begrifflichen Einheiten **schaffe**, dem in sich Bestimmungslosen die Festigkeit der Bestimmung, und damit der Erscheinung den Gegenstand **gebe**. Indessen wird man durch solche Metapher des Ausdrucks sich wohl jetzt nicht mehr beirren lassen. Schon wenn gesagt wurde, die objective Wissenschaft vollbringe das alles, so ist von spontanen Handlungen des Subjects ja wohl nicht die Rede. Nimmt man aber solche an, nun, so wäre immer wieder darauf hinzuweisen, dass dies bereits psychologische Betrachtung sei, dass von solchen Handlungen, wenn überhaupt, dann nur in jener durchaus secundären, nur uneigentlich so benannten „Erklärung" des Erkenntnissresultats aus seinen subjectiven Grundlagen die Rede sein könne.

7. Doch scheint diese Abweisung des Subjectivismus vielleicht noch nicht radical genug. Sähe man auch von der Annahme einer bestimmenden Thätigkeit, einer Causalität des Subjects dabei gänzlich ab, so bleibt doch bestehen, dass die Einheit der Bestimmung allein gegeben scheint in der Bewusstseinseinheit, mithin in der Subjectivität.

Wirklich ist nicht zu leugnen, dass auch die Einheit des Gegenstands insofern Einheit „des" Bewusstseins ist, als sie allemal für ein Bewusstsein besteht; sonst gäbe es überhaupt kein Bewusstsein vom Gegenstande. Damit ist aber doch nicht gesagt, dass die objective Beziehung der Erscheinung in die subjective verschwinde, sondern nur, dass der objectiven Beziehung, gemäss dem correlativen Grundverhältniss von Bewusstsein und Gegenstand, jederzeit die subjective **entspricht**. Es ist doch zweierlei, ob ich behaupte, beide Beziehungen finden statt, und zwar in unaufheblichem Wechselverhältniss zu einander, oder, nur die eine finde statt, die andere sei überhaupt keine neue Beziehung, sondern etwa nur eine Specification der ersteren. Hat man einmal diesen Unterschied sich klar gemacht, so wird man nicht leicht mehr über das wahre Verhältniss sich täuschen lassen. Die Einheit des Gegenstands lässt sich immer ausdrücken als Einheit des Bewusstseins, sofern eben der objectiven Beziehung die subjective immer entsprechen muss; aber die objective Beziehung bleibt dabei immer von der subjectiven unterschieden, ja geradezu ihr entgegengesetzt. Das Verhältniss ist wesentlich das des Bewusstseins zu seinem objectiven Inhalt. Sofern der Inhalt des Bewusstseins überhaupt ein irgendwie bestimmter sein soll, ist er nothwendig bereits objectiver Inhalt, wenn auch auf die Stufe der Subjectivität zurückgedeutet, denn so sollte man vielmehr sagen, und nicht, dass das ursprünglich subjectiv Gegebene dann auf die Stufe der Objectivität emporgehoben werde. Doch hat auch dieser „genetische" Ausdruck sein bedingtes Recht, nämlich für diejenige Betrachtungsart, die wir Erklärung im subjectiven Sinne nannten. Nur muss fest bleiben, dass eben die Einheit im objectiven Inhalte des Bewusstseins für die Erkenntniss das Primäre, die Einheit des Bewusstseins erst daraus reconstruirt, und eigentlich nur der subjective Ausdruck für jene ist. Der Erkenntniss nach ist vielmehr die subjective Beziehung durch die objective bedingt, als diese durch jene.

Aber „an sich" ist es vielleicht anders? Wer das behaupten will, wird erst zu erklären haben, wie dies Ansichsein zu verstehen, und wie ihm überhaupt beizukommen sei anders als eben durch die Erkenntniss. Nur in der Erkenntniss doch können wir Subjectivität und Objectivität, als zwei verschiedene Richtungen des Erkennens, unterscheiden. Allenfalls mag man die „Erscheinung", bloss als solche, unterscheiden von ihrer doppelseitigen Betrachtung, einerseits als Erscheinung für ein Bewusstsein, andrerseits als Erscheinung des Gegenstands. Dann gilt einfach das früher Gesagte: dass nämlich überhaupt nicht zwei Reihen von Thatsachen gegeben sind, die alsdann erst mit einander in Beziehung zu setzen wären, sondern von Haus aus eine. Etwas (ein Gegenstand) erscheint mir, und, ich habe davon ein Bewusstsein, dies ist in der Sache Eins, nicht zweierlei. Weder darf ich sagen: der Gegenstand erscheint mir so (nämlich als Einheit), weil ich mich so vorstellend dazu verhalte (nämlich vereinigend); noch auch: ich verhalte mich so zum Gegenstand, weil er mir so erscheint; Keins ist vom Andern **abhängig**, weil Beides vielmehr thatsächlich Eins ist. Wo überhaupt nicht zwei Thatsachen gegeben sind, kann von Abhängigkeit nicht mehr die Rede sein. Der Gegensatz ist vielmehr ein Gegensatz zweier **Beziehungen**; das in sich bestimmungslos Gegebene beziehen wir in der objectiven Erkenntniss auf die Einheiten der Bestimmung; diese beziehen wir in der reconstructiven, psychologischen Betrachtung zurück auf das ursprünglich bestimmungslos Gegebene. Hier allein, in der doppelten Beziehung, die **wir der Erscheinung geben**, nämlich in der **Erkenntniss**, kann etwa von Abhängigkeit gesprochen werden; und zwar wurde längst bestimmt, dass dann die subjective Beziehung von der objectiven abhängig sei, nicht umgekehrt. Darum stehen doch beide Richtungen der Betrachtung sich selbständig gegenüber und correspondiren sich zugleich aufs genauste. Jede objective Beziehung lässt sich durch eine subjective ausdrücken, und umgekehrt; also die Einheit des Gegenstands durch die des Bewusstseins, und umgekehrt. Ja, es scheint, je nachdem man die eine oder die andere Betrachtungsart streng bis zu Ende verfolgt, nothwendig bald die Objectivität die Subjectivität, bald die Subjectivität die Objectivität ganz in sich aufzusaugen; es stellt sich bald das Erscheinen (des Objects) als Wirkung des (subjectiven) Vorstellens, bald das Vorstellen (des Subjects) als Wirkung des Erscheinens (des Objects) dar. Freilich, wenn Beides überhaupt verschiedene Thatsachen und dabei doch immer mit einander gegeben wären, so müsste man fragen, welche von beiden der andern, oder ob etwa beiden ein unbekanntes Dritte als Ursache zu Grunde liege; welche verschiedenen Möglichkeiten denn auch alle der Reihe nach von der Philosophie versucht worden sind. Uns löst sich diese ganze scheinbare Dualität auf, nämlich in die Doppelrichtung des Erkenntnissweges. Indem derselbe Punkt einer Strecke einmal betrachtet werden kann als Durchgangspunkt in der Bewegung von A nach B, ein andermal als Durchgangspunkt in der Bewegung von B nach A, so scheint es, als ob es vielmehr zwei Punkte seien, die von entgegengesetzten Richtungen herkommend sich nur eben jetzt begegnen. Wirklich kommt die Erscheinung weder aus dem Innern, noch aus dem Dasein draussen; sondern unsere Betrachtung kommt von der einen oder anderen Seite her; und zwar kann sie auf jede gegebene Erscheinung von beiden Seiten herkommen. Sage ich, der Gegenstand erscheint mir, so denke ich stillschweigend dahinter den ganzen Zusammenhang der Objectivität, aus welchem diese einzelne Erscheinung nur eben jetzt hervortrete. Sage ich umgekehrt, ich stelle ihn vor, so denke ich dahinter den Zusammenhang des Bewusstseinslebens, und nun scheint diese einzelne Erscheinung vielmehr aus dem verborgenen Grunde meiner Subjectivität nur eben jetzt hervorzutreten. Komme ich endlich dahinter, dass in jedem Falle beide Auffassungen gleich möglich sind, so meine ich vielleicht etwas recht Kluges zu sagen, wenn ich behaupte, eine jede Erscheinung sei eben doppelseitig, zugleich objectiv und subjectiv bedingt. In der That bedingt nicht die Objectivität die Subjectivität, noch die Subjectivität die Objectivität, noch Beide als Drittes die Erscheinung; sondern die Richtung der Betrachtung bedingt die Auffassung der Erscheinung im objectiven oder im subjectiven Zusammenhange, die Verknüpfung beider Betrachtungsweisen ihre Auffassung als zugleich beiden Zusammenhängen angehörig. Im ersteren Falle wird das Bedingen causal verstanden; für uns kann von causalem Bedingen gar nicht die Rede sein, da es sich überhaupt nicht um zwei Thatsachen handelt, das Erscheinen von Seiten des Objects, das Vorstellen von Seiten des Subjects, oder gar um drei: die Erscheinung als Resultante gleichsam aus zwei zusammentreffenden Bewegungen, einer objectiven und einer subjectiven; sondern die Auffassung der Erscheinung unter dem einen oder andern Gesichtspunkt oder unter beiden im Verein ist logisch bedingt, nämlich durch die Absicht der jedesmaligen Betrachtung.

8. Blicken wir von hier nochmals zurück auf die kantischen Formulirungen, so begreift sich jetzt freilich, wie KANT die Einheit der Bestimmung, welche das Gesetz und den Gegenstand constituirt, als Einheit des Bewusstseins bezeichnen konnte. Sie ist Einheit für das Bewusstsein, ja das Bewusstsein eignet sie sich vollständig selber an. Sogar, da kein bestimmtes Bewusstsein möglich ist ohne die Einheit der Bestimmung, so ist das Bewusstsein im eigentlichen Verstande überhaupt nur durch die Einheit der Bestimmung

zu charakterisiren. Das in sich bestimmungslos Gegebene, welches wir das Unmittelbare des Bewusstseins nannten und welches der concreteste Ausdruck der Subjectivität ist, mag psychologisch als Untergrund des Bewusstseins hervorgehoben, und innerhalb der Psychologie auch „Bewusstsein" genannt werden; in Bezug auf Erkenntniss aber kann „Bewusstsein" nur bestimmtes Bewusstsein, mithin Objectsbewusstsein bedeuten. Aber wie spricht denn KANT vielmehr von Einheit des Selbstbewusstseins? Und wie heisst sie dann doch wieder „objective", „transscendentale" Einheit, da doch transscendentale und psychologische Betrachtung für ihn entgegengesetzt sind eben als Betrachtung aus objectivem und aus subjectivem Gesichtspunkt? Ist diese objective, transscendentale Einheit, die dennoch Einheit des Selbstbewusstseins sein soll, nicht so zu verstehen, dass die objective Einheit, als erkannt, zugleich dem Bewusstsein angeeignet, und fortan freilich auch Einheit des Bewusstseins ist, so ist sie gar nicht zu verstehen.

Mag es nun KANT so oder anders „gemeint" haben, jedenfalls nur auf Grund einer solchen, sei es Interpretation oder Verbesserung würden wir seinen „Idealismus" als „kritischen", als „transscendentalen" und nicht psychologischen anerkennen können. Ein solcher Idealismus wäre aber nicht mehr „subjectiver" Idealismus. Er hätte eher Anspruch auf den Titel eines „objectiven" Idealismus, da er vielmehr die subjective Beziehung von der objectiven abhängig macht, als diese von jener. Besser wird man jedoch beide Benennungen vermeiden, da eben die Entgegensetzung des „subjectiven" und „objectiven" Idealismus auf dem missverständlichen Dualismus zu beruhen scheint, von dem wir uns losgemacht haben.

§ 15.

Aus dem Gesagten ergibt sich der klare Gegensatz und zugleich die genaue Wechselbeziehung der subjectiven und objectiven Begründung der Erkenntnissgesetze, oder der Psychologie und Erkenntnisskritik. Die Grundgesetze der objectiven Gültigkeit der Erkenntniss sind selbst objective, nicht subjective Gesetze, und einer rein objectiven, von der Subjectivität des Erkennens durchaus abstrahirenden Begründung fähig; aber es müssen denselben gewisse Grundgestalten des subjectiven Bewusstseins entsprechen, welche allein durch Rückschluss aus der gesetzmässigen Form der objectiven Erkenntniss erkannt werden können.

Demgemäss wird der Grundlegung der objectiven Erkenntniss durch eine Theorie, welche die constituirenden Bedingungen der objectiven Gültigkeit darlegt, ein grundlegender allgemeiner Theil der Psychologie entsprechen, der denn auch in seiner Gliederung der allgemeinen Erkenntnisswissenschaft genau parallel gehen wird. Es wird demnach, gemäss der Ordnung der Elemente, welche die objective Analyse der faktisch gegebenen wissenschaftlichen Erkenntnisse als die für deren objective Gültigkeit gesetzmässig bestimmenden erweist, in der Psychologie zu handeln sein von der psychologischen Grundlage

1) der Empfindung,

2) der Verbindung der Empfindungen in der unmittelbaren Form der Vorstellung (durch Raum und Zeit),

3) des Begriffs, insbesondere des Begriffs vom Gegenstande,

4) der Zweckidee, welche sich wiederum verschieden gestaltet in der teleologischen Beurtheilung der Natur, der ästhetischen, der ethischen Beurtheilung.

So allein ergibt sich eine bestimmte, sicher begründete Abgrenzung der Aufgabe einer Psychologie, welche etwa als „reine" oder philosophische von der „empirischen" zu unterscheiden wäre. Für die letztere bliebe (entsprechend der Feststellung § 13 g. E.) die subjective Analyse der unvollkommneren Objectivirungen des nichtwissenschaftlichen und überhaupt nicht auf Wissenschaft gerichteten Bewusstseins übrig. Doch ersieht man leicht, dass eine förderliche Bearbeitung dieses empirischen Theiles der Psychologie von der sicheren und folgerichtigen Ausführung des reinen Theiles abhängt.

1. Nur in der strengen Unterscheidung und Sonderung der psychologischen und kritischen Aufgabe kann zugleich die enge, positive Beziehung zwischen beiden deutlich werden. Diese haben wir jetzt noch ins Auge zu fassen.

Mussten wir das Verhältniss der subjectiv-psychologischen und der objectiv-kritischen Methode durchaus als ein gegensätzliches bestimmen, so zeigten sich doch zugleich beide als eng zusammengehörig und correspondirend, ja in dem ganzen Bereich ihrer Anwendung zusammenfallend, in gleichem Sinne, wie etwa die einander entgegengerichteten Bewegungen von A nach B und von B nach A in ihrem ganzen Umfange sich decken. Dadurch erklärte sich, wie einerseits die Aufgabe der Erkenntnisskritik Vielen ganz in eine Psychologie der Erkenntniss sich aufzulösen schien, und wie andrerseits, wenn man über den objectiven Charakter der kritischen Methode sich klar geworden war, umgekehrt die psychologische Aufgabe in die kritische ohne Rest aufzugehen schien. Beides hat sich als irrig erwiesen. Beide Aufgaben, die der objectiven und subjectiven Begründung, correspondiren sich genau, bleiben aber dennoch grundverschieden von einander, ja entgegengesetzt.

Nur von einer Seite ist noch ein Einwand möglich; derselbe nämlich, der gegen die Auffassung der gesammten philosophischen Aufgabe als einer erkenntnisskritischen erhoben zu werden pflegt: sie greife nur ein einzelnes Moment des Bewusstseins, eben die Erkenntniss, heraus, auf welches sie, mit ungerechtfertigter Vernachlässigung der übrigen, die Analyse des Bewusstseins einschränke.

Doch dürfte dieser Einwand bereits implicite beantwortet sein. Was sich überhaupt nicht zu Begriff und Erkenntniss bringen lässt, dafür fehlt eben auch jede Handhabe einer philosophischen, ja überhaupt einer wissenschaftlichen Erforschung. Es ist doch wenigstens daran wohl kein Zweifel, dass Philosophie selbst nach Begriff und Erkenntniss, nach einem geklärten Bewusstsein um die Gründe der Sachen, und zwar nicht um viele Gründe, sondern um den einen gemeinsamen und letzten Grund alles dessen, was überhaupt ein Gegenstand des Begriffs und der Erkenntniss sein mag, nothwendig strebt; die kritische Methode aber beruht auf der Besinnung, dass diese von aller Philosophie gesuchte und vorausgesetzte Einheit der Grundansicht anders nicht erreichbar sei als in dem Nachweis der Grundgesetzlichkeit unserer Erkenntniss von Gegenständen. Die Gegenstände mögen von unerschöpflicher Mannigfaltigkeit sein, gemeinsam ist Allem, was immer Gegenstand ist, doch eben dies: überhaupt Gegenstand, nämlich für die Erkenntniss, zu sein.

Allein im Gesetze der Erkenntniss erlangt die sonst ganz inhaltleere Abstraction des „Gegenstands überhaupt" concreten Sinn. Das ist die kantische Correctur des aristotelischen Begriffs einer Fundamentalphilosophie (πρώτη φιλοσοφία), welche nicht irgendein besonderes „Seiendes" (einen besonderen Gegenstand), sondern das Seiende „als" seiend (ὄν ᾗ ὄν) oder den „Gegenstand überhaupt" zum eigenthümlichen Problem habe.

Die Gebiete, die man sonst von dem der Erkenntniss schied, nämlich die des Gefühls und des Willens, kommen aber bei unserer Grundansicht nicht etwa zu kurz. Zunächst, dass zum Wollen jedenfalls Erkenntniss gehört, vielmehr, dass Wille Erkenntniss ist, nur praktische, wird heute wohl nur von Wenigen noch bestritten. Aber eben als praktischer, wird man sagen, liege ihr eine elementarere Bewusstseinsgestalt zu Grunde, nämlich das Begehren, welches, wie sein naher Verwandter, das Gefühl, von Erkenntniss radical unterschieden und einer „Kritik", die nur auf die Erkenntnissgründe gehe, gänzlich entzogen sei.

Darauf könnten wir das Vorige erwiedern: sollen diese Bewusstseinsgestalten etwa überhaupt allem Begriff und aller Erkenntniss entzogen sein, so sind sie überhaupt gar kein wissenschaftliches Object mehr. Andernfalls müssen sie doch irgendwie auch unter die Kritik der Erkenntniss fallen. Oder soll es eine Erkenntniss geben ohne eine Kritik derselben? Das wäre eine Erkenntniss ohne Gesetz, ohne eine Norm ihrer Wahrheit, mithin ohne Wahrheit; was denn doch wohl hiesse, den Begriff der Erkenntniss ganz zunichte machen.

Doch, statt aus den bedenklichen Folgen auf die wahrscheinliche Verkehrtheit der Voraussetzung zurückzuschliessen, wollen wir lieber den bestimmten positiven Grund unserer Auffassung angeben. Er ist eigentlich schon enthalten in dem früher Gesagten: dass die fraglichen Gestalten des Bewusstseins jedenfalls eine Art der Objectivirung zulassen und thatsächlich erfahren; mag immerhin der Sinn des „Gegenstands" für sie ein eigenthümlicher, von dessen bloss theoretischer Bedeutung grundverschiedener sein. Der Bewusstseinszustand, den wir Fühlen, desgleichen der, welchen wir Begehren nennen, wäre überhaupt nicht der mindesten Bestimmtheit fähig, gäbe es nicht irgendeine Bestimmung, mithin Objectivirung seines Inhalts, die denn auch factisch immer gewagt wird; wir meinen doch in etwa auch angeben können, was im Fühlen uns bewusst wird (Lust oder Schmerz), und was im Zustand des Begehrens (Streben und Widerstreben). Man wird bemerken, dass hier noch nicht von dem die Rede sei, was den „Gegenstand" der Lust oder Unlust, des Strebens oder Widerstrebens bildet, d. h. wofür oder wogegen unser Gefühl und Streben Partei nimmt, sondern von der Bestimmtheit des subjectiven Zustands des Gefühls oder Strebens selber, von der eigenthümlichen Art Bejahung und Verneinung, die darin liegt; natürlich erfordert die Bestimmung der positiven und negativen Richtung des Fühlens und Begehrens ebenso dringlich die Voraussetzung eines Gegenstandes des Fühlens und Begehrens, wie die Bestimmung einer Bewegungsrichtung die der Richtpunkte. Und so eröffnet sich ein weites Feld für Objectivirungen, die an Bestimmtheit denen der bloss theoretischen Vorstellung nichts nachgeben. Man mag dieselben, vom Standpunkte streng objectiver Theorie, für noch so fictiv und imaginär halten, diese Fiction oder Imagination eigenthümlicher Objecte behauptet das Recht ihres Daseins, ja sie schafft sich Gesetze und Normen, die in ihrem eigenthümlichen Bereiche strenge Beobachtung fordern. Solcher Art sind die ästhetischen, die ethischen Gesetze, und wer davon irgendetwas für gültig hält, wer auch nur ein Problem darin sieht, wird zugeben müssen, dass es ein Problem der „Kritik" sei, die ja eben die Prüfung des Gültigkeitsanspruchs jedweder, sei es wirklichen oder vermeinten, Erkenntniss bedeutet; von Erkenntniss haben wir doch zu reden ein Recht, wo immer es sich um Gesetz und Gegenstand handelt.

2. Und so wird sich allgemein auch für die Psychologie eine Aufgabe ergeben, wo immer es eine Art der Objectivirung gibt; und zwar wird sich diese Aufgabe überall gleichermassen bestimmen durch das Verhältniss zur Aufgabe der objectiven Kritik. Dies bedarf wohl noch einiger Begründung, da es zunächst genügend scheinen möchte, die psychologische Aufgabe unmittelbar zu den Objectivirungen selbst in Beziehung zu setzen, welche zugleich, hinsichtlich ihres Gültigkeitsanspruchs, der kritischen Untersuchung unterliegen. Gewissermassen scheinen jene der Psychologie, weil dem subjectiv Unmittelbaren des Bewusstseins, näher zu liegen als

die Grundgesetze der Objectivirung, welche die Kritik nachweist; diese geben freilich das höchste (nämlich höchst objective) Bewusstsein; aber die höchste Form des erkennenden Bewusstseins liegt ja ebendamit der Unmittelbarkeit des subjectiven Bewusstseins am fernsten.

Indessen hört sie darum nicht bloss nicht auf, auch für die Psychologie ein Problem zu bilden, sondern sogar wird die subjective Analyse, welche die Grundgesetze der Objectivirung selbst betrifft, das wissenschaftliche Fundament bilden müssen für die subjective Analyse aller solchen Objectivirung, welche gemäss jenen Grundgesetzen allein möglich ist. Es wird also der objectiven Grundwissenschaft, als welche wir die Erkenntnisskritik bestimmten, eine subjective Grundwissenschaft entsprechen, welche ihre unmittelbare Basis haben wird in den Grundsätzen der Erkenntnisskritik, d. h. den Grundgesetzen aller Objectivirung, und welche andrerseits selber die Basis zu bilden hat für alle die besonderen Aufgaben psychologischer Forschung, welche sich je für besondere Gebiete der objectiven Erkenntniss ergeben.

Deckt sich nun die Unterscheidung der Grundgesetze der Objectivirung von denjenigen Gesetzen, welche unmittelbar die Objectivirung der Erscheinungen vollbringen, mit der Unterscheidung des **Reinen** (Apriorischen) und des **Empirischen** der Erkenntniss, und hat an den reinen Elementen der Erkenntniss (nämlich der empirischen) **Philosophie** ihre eigenthümliche Aufgabe, so werden wir dementsprechend einen **reinen, apriorischen Theil der Psychologie** absondern, und diesen gleichfalls der **Philosophie**, als subjective Correlataufgabe zur reinen, objectiven Kritik der Erkenntniss, zuweisen.

Und zwar würden wir, wo es um die Grundlegung der Psychologie eben sich handelt, auf diesen philosophischen Theil unsere Nachforschung eigentlich zu richten haben, um wenigstens diese eine, bestimmt begrenzbare Aufgabe möglichst vollständig zu absolviren und nicht in ein grenzenloses Feld von Untersuchungen, die für Einen und auf einmal zu viel sein dürften, uns zu verirren. Die Aufgabe — die hier bloss gestellt, nicht schon gelöst werden sollte — erscheint auch in dieser Einschränkung noch umfangreich und, wegen der Neuheit der Methode, schwierig genug, um uns eher zu

Für denjenigen, der die kantische Disposition nicht anerkennt, sei wenigstens soviel hier bemerkt: dass unsere Eintheilung jedenfalls nicht auf eine unbewiesene Vorannahme über „Vermögen" der Seele sich stützen will; dass wir eine Rechtfertigung derselben aus dem wirklichen Befund des Bewusstseins als unerlässliches Erforderniss anerkennen und uns derselben nicht zu entziehen gedenken; nur kann dieselbe, wie gesagt, nicht hier voraus, sondern allein in der Ausführung selbst gegeben werden. Schwierigkeit macht hauptsächlich die richtige Einordnung der psychischen Eigenheiten des Fühlens und Begehrens und damit der ganzen praktischen Seite des Bewusstseinslebens in unser Eintheilungsschema. Zwar dass 1) dieses Beides: Gefühl (Lust und Unlust) und Begehrung (Streben und Widerstreben) untrennbar zusammengehört, und 2) die alleinige Objectivation dieser zusammengehörigen Bewusstseinsgestalten der Zweck ist, wird vielleicht von Manchem noch zugestanden werden. Dass aber dem Zweck die „Idee" so entspreche wie dem (eigentlich verstandenen) Gegenstand der „Begriff", vollends die specifische Natur der drei Zweck-Arten, wie sie von KANT aufgefasst wird, wird stark bestritten. Gesetzt aber, man hätte auch darüber sich vereinigt, so wird man in unserer Eintheilung immer noch die Stelle vermissen für jene unmittelbar sinnliche Grundlage des praktischen Bewusstseins, die man mit Gefühl und Begehrung eigentlich meint, und die doch, so gut wie die Empfindung, einer psychologischen Charakteristik, auch unabhängig von ihrer Objectivirung, bedürftig scheint. Gibt es eine solche sinnliche Grundlage und in welchem Verhältniss zur Empfindung ist sie zu denken? Die Frage kann hier nicht entschieden werden; da ihre Erörterung aber, wie wir glauben, nicht zur Aufstellung eines von Empfindung verschiedenen und getrennten Elementarbestandtheils des Bewusstseins führt; da vielmehr Lust und Unlust, Streben und Widerstreben eigentlich nur als eine gewisse Art, wie der Inhalt der Empfindung (und Vorstellung) uns bewusst ist, sich herausstellt, so glauben wir nicht unsere Eintheilung mit Bezug auf diesen Punkt modificiren zu müssen.

4. Allgemein könnte schliesslich noch die Frage erhoben werden, durch welches methodische Mittel man überhaupt der Vollständigkeit der Aufzählung der Grundgestalten des Bewusstseins sich versichern will? Die Antwort darauf kann jetzt nicht mehr schwer

fallen. Verbürgt ist uns die Vollständigkeit der Aufzählung im letzten Grunde durch die gethane Arbeit der Erkenntnisskritik; sie allein bietet die Grundlage einer **objectiven** Vergewisserung. Weiter, als die Kritik der Erkenntniss den Gehalt des Bewusstseins hat durchforschen und in seiner nothwendigen Gliederung darlegen können, wird eine Psychologie, deren ganzes Verfahren das der Erkenntnisskritik voraussetzt und allein darauf fusst, nicht zu gelangen hoffen dürfen.

Dagegen erbringt die entsprechende psychologische Nachweisung eine unverächtliche **subjective** Vergewisserung der Vollzähligkeit der in objectiver Kritik herausgestellten Grundgestalten; diese subjective Vergewisserung, an der es KANT noch fehlte, gedenken wir eben durch die Ausführung der Psychologie nach dem hier verzeichneten Grundplan zu erreichen. Denn wenn allerdings die Meinung irrig ist, als ob die Grundgestalten des Bewusstseins in ihrer Vollständigkeit sich ohne weiteres aus irgendeiner (uns unverständlichen) Selbstanschauung des Bewusstseins („inneren" Beobachtung) gleichsam ablesen und auf diesem Wege sicherstellen liessen, so hat diese Meinung doch einen richtigen Kern: die **Probe** muss allerdings bestanden werden, dass der Befund des subjectiven Bewusstseins sich durch die Reconstruction der Subjectivität aus der Objectivität der Wissenschaften sich in seiner Vollständigkeit geborgen findet.

Es würde auf diesem Wege allgemein für die Erkenntnisskritik etwas dem Analoges zu leisten sein, was KANT für einen besonderen, allerdings den centralen Theil derselben, die „Deduction der reinen Verstandesbegriffe" leisten wollte, indem er die „objective" Deduction derselben durch eine „subjective" ergänzte. Jene sollte auf die Gegenstände des reinen Verstandes sich beziehen und die objective Gültigkeit seiner Begriffe a priori darthun und begreiflich machen, diese den reinen Verstand selbst nach seiner Möglichkeit und den Erkenntnisskräften, auf denen er selbst beruht, mithin ihn in subjectiver Beziehung betrachten, oder erklären, wie „das Vermögen zu denken selbst möglich" sei; was „gleichsam eine Aufsuchung der Ursache zu einer gegebenen Wirkung" sei und „insofern etwas einer **Hypothese Aehnliches** an sich habe", obgleich es, wie er bei anderer Gelegenheit zu zeigen verspricht, „sich in der That nicht so verhalte" (Kr. d. r. V., Vorr. zur 1. Ausgabe). — Die

„Möglichkeit" objectiver Erkenntniss aus dem subjectiven „Vermögen" des Verstandes, aus den „Erkenntnisskräften, auf denen er selbst beruht", abzuleiten, würden wir nun freilich nicht als die zutreffende Formulirung unserer psychologischen Aufgabe anerkennen können; durch den Ausdruck „Erkenntnisskraft" wird eben die fälschliche Objectivirung der Subjectivität selbst, die wir ablehnten, allzu nahe gelegt. Doch soll der subjective Grund im Bewusstsein auch für KANT nur „gleichsam" die Bedeutung der Ursache zur gegebenen Wirkung, der objectiven Erkenntniss, haben; „in der That" soll es sich anders verhalten. „In der That" entspricht aber KANT's Verfahren der subjectiven Deduction sehr genau dem, was wir als die reconstructive Methode der Psychologie definirten, ja die letztere ist wirklich nichts Anderes als die Verallgemeinerung des thatsächlichen Vorgehens KANT's in dem betreffenden Theile seiner Untersuchung. Was dabei KANT als Zweck vor Augen stand, weshalb er diese Untersuchung, obwohl nicht „wesentlich" zu seinem Hauptzweck (der objectiven Kritik) gehörig, doch auch für diesen „Hauptzweck" sehr wichtig fand, war ersichtlich nichts Anderes als die subjective Bestätigung der durch die objective Kritik herausgestellten Grundgestalt des wissenschaftlichen Bewusstseins. Wir finden daher eben hier die brauchbarste Vorarbeit für die Ausführung unserer psychologischen Aufgabe, nämlich die ersten Grundlinien zu der in unserem Sinne psychologischen Charakteristik der Empfindung, der Vorstellung und des Begriffs, namentlich in ihrer unlöslichen wechselseitigen Verknüpfung im subjectiven Bewusstsein.